国家重点档案专项资金资助项目

抗日战争档案汇编

抗战时期国民政府军政部兵工署第十工厂档案汇编

1

重庆市档案馆 编

中華書局

图书在版编目（CIP）数据

抗战时期国民政府军政部兵工署第十工厂档案汇编 / 重庆市档案馆编. －北京：中华书局, 2024.4
（抗日战争档案汇编）
ISBN 978-7-101-15115-2

Ⅰ. ①抗… Ⅱ. ①重… Ⅲ. ①军工厂－档案资料－汇编－重庆－1937-1945 Ⅳ. ①F426.48

中国版本图书馆CIP数据核字(2021)第045750号

书　　名	抗战时期国民政府军政部兵工署第十工厂档案汇编（全七册）
丛 书 名	抗日战争档案汇编
编　　者	重庆市档案馆
策划编辑	许旭虹
责任编辑	李晓燕　刘　楠　吴麒麟
装帧设计	许丽娟
责任印制	管　斌
出版发行	中华书局 （北京市丰台区太平桥西里38号 100073） http://www.zhbc.com.cn E-mail:zhbc@zhbc.com.cn
图文制版	北京禾风雅艺文化发展有限公司
印　　刷	天津艺嘉印刷科技有限公司
版　　次	2024年4月第1版 2024年4月第1次印刷
规　　格	开本889×1194毫米　1/16 印张223½
国际书号	ISBN 978-7-101-15115-2
定　　价	3600.00元

抗日战争档案汇编编纂出版工作组织机构

编纂出版工作领导小组

组　长　陆国强

副组长　王绍忠　付　华　魏洪涛　刘鲤生

编纂委员会

主　任　陆国强

副主任　王绍忠

顾　问　杨冬权　李明华

成　员（按姓氏笔画为序排列）

于学蕴　于晓南　于晶霞　马忠魁　马俊凡　马振犊

王　放　王文铸　王建军　卢琼华　田洪文　田富祥

史晨鸣　代年云　白明标　白晓军　吉洪武　刘　钊

刘玉峰　刘灿河　刘忠平　刘新华　汤俊峰　孙　敏

苏东亮　杜　梅　李宁波　李宗春　吴卫东　何素君

张　军　张明决　陈念芜　陈艳霞　卓兆水　岳文莉

郑惠姿　赵有宁　查全洁　施亚雄　祝　云　徐春阳

郭树峰　唐仁勇　唐润明　黄凤平　黄远良　黄菊艳

梅　佳　龚建海　常建宏　韩　林　程潜龙　焦东华

童　鹿　蔡纪万　谭荣鹏　黎富文

编纂出版工作领导小组办公室

主　任　常建宏

副主任　孙秋浦　石　勇

成　员（按姓氏笔画为序排列）

李　宁　沈　岚　贾　坤

重庆市抗日战争档案汇编纂出版工作组织机构

主　任　李华强

副主任　潘　樱

委　员　李华强　李旭东　潘　樱　金　鸿　唐润明

曾向前　邱卫祥

主　编　唐润明

副主编　胡　懿　姚　旭

编　辑　唐润明　罗永华　胡　懿　姚　旭　高　阳

温长松　赖鹏辉

总序

为深入贯彻落实习近平总书记「让历史说话，用史实发言，深入开展中国人民抗日战争研究」的重要指示精神，国家档案局根据《全国档案事业发展「十三五」规划纲要》和《「十三五」时期国家重点档案保护与开发工作总体规划》的有关安排，决定全面系统地整理全国各级综合档案馆馆藏抗战档案，编纂出版《抗日战争档案汇编》（以下简称《汇编》）。

中国人民抗日战争是近代以来中国反抗外敌入侵第一次取得完全胜利的民族解放战争，开辟了中华民族伟大复兴的光明前景。这一伟大胜利，也是中国人民为世界反法西斯战争胜利、维护世界和平作出的重大贡献。加强中国人民抗日战争研究，具有重要的历史意义和现实意义。

全国各级档案馆保存的抗战档案，数量众多，内容丰富，全面记录了中国人民抗日战争的艰辛历程，是研究抗战历史的珍贵史料。一直以来，全国各级档案馆十分重视抗战档案的开发利用，陆续出版公布了一大批抗战档案，对揭露日本帝国主义侵华罪行，讴歌中华儿女勠力同心、不屈不挠抗击侵略的伟大壮举，弘扬伟大的抗战精神，引导正确的历史认知，发挥了积极作用。特别是国家档案局组织有关方面共同努力和积极推动，「南京大屠杀档案」被联合国教科文组织评选为「世界记忆遗产」，列入《世界记忆名录》，捍卫了历史真相，在国际上产生了广泛而深远的影响。

全国各级档案馆馆藏抗战档案开发利用工作虽然取得了一定的成果，但是，在档案信息资源开发的系统性和深入性方面仍显不足。正如习近平总书记所指出的：「同中国人民抗日战争的历史地位和历史意义相比，同这场战争对中华民族和世界的影响相比，我们的抗战研究还远远不够，要继续进行深入系统的研究。」「抗战研究要深入，就要更多通过档案、资料、事实、当事人证词等各种人证、物证来说话。要加强资料收集和整理这一基础性工作，全面整理我国各地抗战档案、照片、资料、实物等……」

国家档案局组织编纂《汇编》，对全国各级档案馆馆藏抗战档案进行深入系统地开发，是档案部门贯彻落实习近平总书记重要指示精神，推动深入开展中国人民抗日战争研究的一项重要举措。本书的编纂力图准确把握中国人民抗日战争的历史进程、主流和本质，用详实的档案全面反映一九三一年九一八事变后十四年抗战的全过程，反映中国共产党在抗日战争中的中流砥柱作用以及中国人民抗日战争在世界反法西斯战争中的重要地位，反映国共两党「兄弟阋于墙，外御其侮」进行合作抗战、共同捍卫民族尊严的历史，反映各民族、各阶层及海外华侨共同参与抗战的壮举，展现中国人民抗日战争的伟大意义，以历史档案揭露日本侵华暴行，揭示日本军国主义反人类、反和平的实质。

编纂《汇编》是一项浩繁而艰巨的系统工程。为保证这项工作的有序推进，国家档案局制订了总体规划和详细的实施方案，明确了指导思想、工作步骤和编纂要求。为保证编纂成果的科学性、准确性和严肃性，国家档案局组织专家对选题进行全面论证，对编纂成果进行严格审核。

各级档案馆高度重视并积极参与到《汇编》工作之中，通过全面清理馆藏抗战档案，将政治、军事、外交、经济、文化、宣传、教育等多个领域涉及抗战的内容列入选材范围。入选档案包括公文、电报、传单、文告、日记、照片、图表等多种类型。在编纂过程中，坚持实事求是的原则和科学严谨的态度，对所收录的每一件档案都仔细鉴定、甄别与考证，维护档案文献的真实性，彰显档案文献的权威性。同时，以《汇编》编纂工作为契机，以项目谋发展，用实干育人才，带动国家重点档案保护与开发，夯实档案馆基础业务，提高档案人员的业务水平，促进档案馆各项事业的发展。

守护历史，传承文明，是档案部门的重要责任。我们相信，编纂出版《汇编》，对于记录抗战历史，弘扬抗战精神，发挥档案留史存鉴、资政育人的作用，更好地服务于新时代中国特色社会主义文化建设，都具有极其重要的意义。

抗日战争档案汇编编纂委员会

编辑说明

一九三七年抗日战争全面爆发后，国民政府为支撑抗战，实施了东部各兵工厂内迁战略，其中绝大部分兵工厂迁到了重庆。与此同时，国民政府为适应战争需要，又在重庆新建了一批兵工厂。到抗战胜利前夕，重庆的兵工厂多达十七家。随着国民政府军政部兵工署对各兵工厂生产职能和出品有计划的调整，在渝各兵工厂形成了分工明确、互相配合的生产格局，除先进的坦克不能制造生产外，战争所需其他常规武器，如大炮、轻重机枪、掷弹筒、步枪、甲雷、手榴弹以及各种枪弹等，均能生产且质优量多。重庆成为抗战时期我国兵器工业的主要聚集地和兵工生产中心，也是供给中国正面战场数百万军队进行对日战争的主要武器来源地。

国民政府军政部兵工署第十工厂，前身为一九三六年三月筹建的株洲兵工厂筹备处，后改称军政部兵工署炮兵技术研究处，一九三八年六月，奉令迁渝，一九四一年一月，改称为兵工署第十工厂，主要产品为二十毫米、三十七毫米弹径小型炮弹和六十毫米迫击炮及其炮弹。

重庆市档案馆选用馆藏抗战时期该厂档案原件影印，编纂出版《抗战时期国民政府军政部兵工署第十工厂档案汇编》，全书共七册。全书选用档案的形成时间起自一九三五年，迄至一九四五年（个别材料为了保持完整，作适当的延伸），主要分为机构沿革、章则办法、会议记录、职工名册、生产概况、财务等六个部分，分别按时间排序。内容涵盖该厂抗日战争时期的大事记、迁移概况、章则办法、会议记录、人员名册、生产过程、出品情况、业务计划报告、财务报表等方面，全面、客观地反映了该厂在抗战时期的机构沿革、生产管理、职工概况与财务情况，真实地反映了该厂对支撑长期抗战、为西南大后方经济建设和兵工厂人才培养做出的重大贡献。

本书选用档案多数为全文影印，对于个别篇幅大但符合选材要求内容较少的作了节选。档案中原标题完整或基本符合要求的使用原标题，原标题有明显缺陷的进行了修改或重拟，无标题的加拟标题。档案所载时间不完整或不准确的，作了补充或订正。形成时间只有年份的档案，排在该年末；只有年份、月份而无具体日期的，排在该月末。

本书使用规范的简化字。对标题中人名、历史地名、机构名称中出现的繁体字、不规范异体字等，予以径改。限于篇幅，本书不作注释。

由于时间紧，档案公布量大，编者水平有限，在编辑过程中可能存在疏漏之处，欢迎斧正。

编 者

二〇一七年九月

总目录

第二册

二、章则办法

三、会议记录

第三册

三、会议记录

第四册

四、职工名册

第五册

五、生产概况

（一）生产过程

（二）迁移

（三）出品情况

第六册

五、生产概况

（五）业务计划报告

第七册

五、生产概况

（五）业务计划报告

（六）基础建设

六、财务

本册目录

一、机构沿革

一、机构沿革

兵工署署长俞大维为报送自造大炮整理计划设计情形及经费概算致军事委员会委员长的签呈（一九三五年七月二十二日）

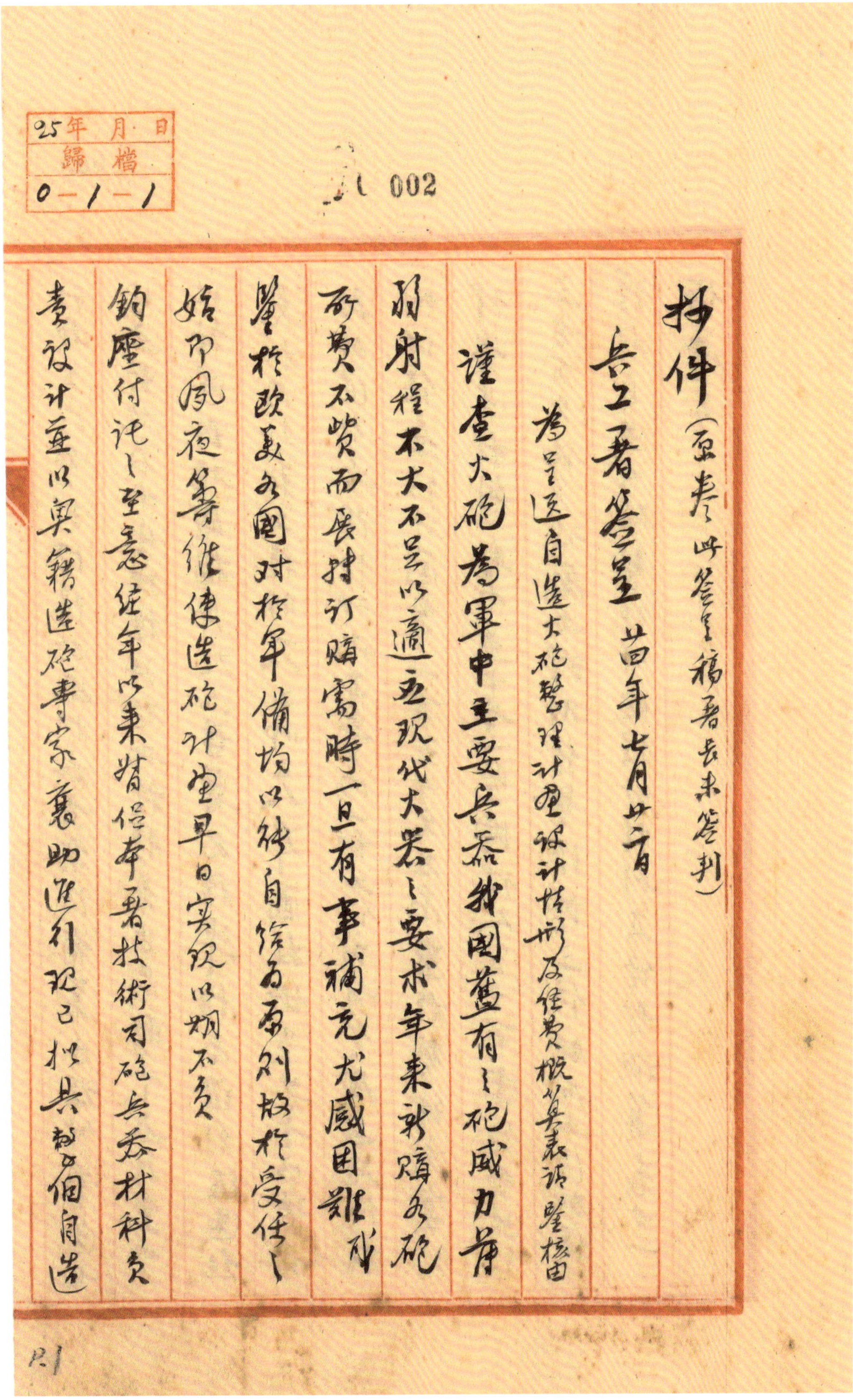

25年　月　日
歸檔
0-1-1

002

抄件（原卷此簽呈稿署長未簽判）

兵工署簽呈　廿四年七月廿二日

為呈送自造大砲整理計劃設計情形及經費概算表請鑒核由

謹查火砲為軍中主要兵器我國舊有之砲威力薄弱射程不大不足以適應現代火器之要求年來新購各砲所費不貲而長期訂購需時一旦有事補充尤感困難鑒於歐美各國對於軍備均以能自給為原則故於受任之始即夙夜籌維使造砲計劃早日實現以期不負鈞座付託之至意經年以來督促本署技術司砲兵器材科負責設計並以奧籍造砲專家襄助進行現已將其第一個自造

P.1

003

计画先行整理汉阳炮厂机器，充实设备，着手设计制造七生五野炮及十生径榴弹炮两种，将来出品暂定每月至少以能造野炮或榴弹炮六尊为标准。惟为进行迅速起见，拟用外籍工程师一人、工师二人，本国技术员若干，以资协助。如进行无阻，预计两年半内一切工作即可完成。每炮价格附件俱全约计国币一万五千元左右。至于整理充实设计制造材料（暂定五十尊）暨增设人员等所需经费共约三百万元。倘另设厂办理，则经费须增三倍，时间亦须加倍。谨将自造大炮整理计画设计情形及经费概算表各一份赍呈

P.2

004

鑒核示遵謹呈

委員長蔣

附呈七·五公分野砲、十公分輕榴彈砲設計與製造計畫提要書一冊（在楊兆漢廠長卷）

P.3

蒋介石、俞大维关于汉阳炮厂建设费预算及械弹移川事的来往电（一九三五年八月三十日、九月六日）

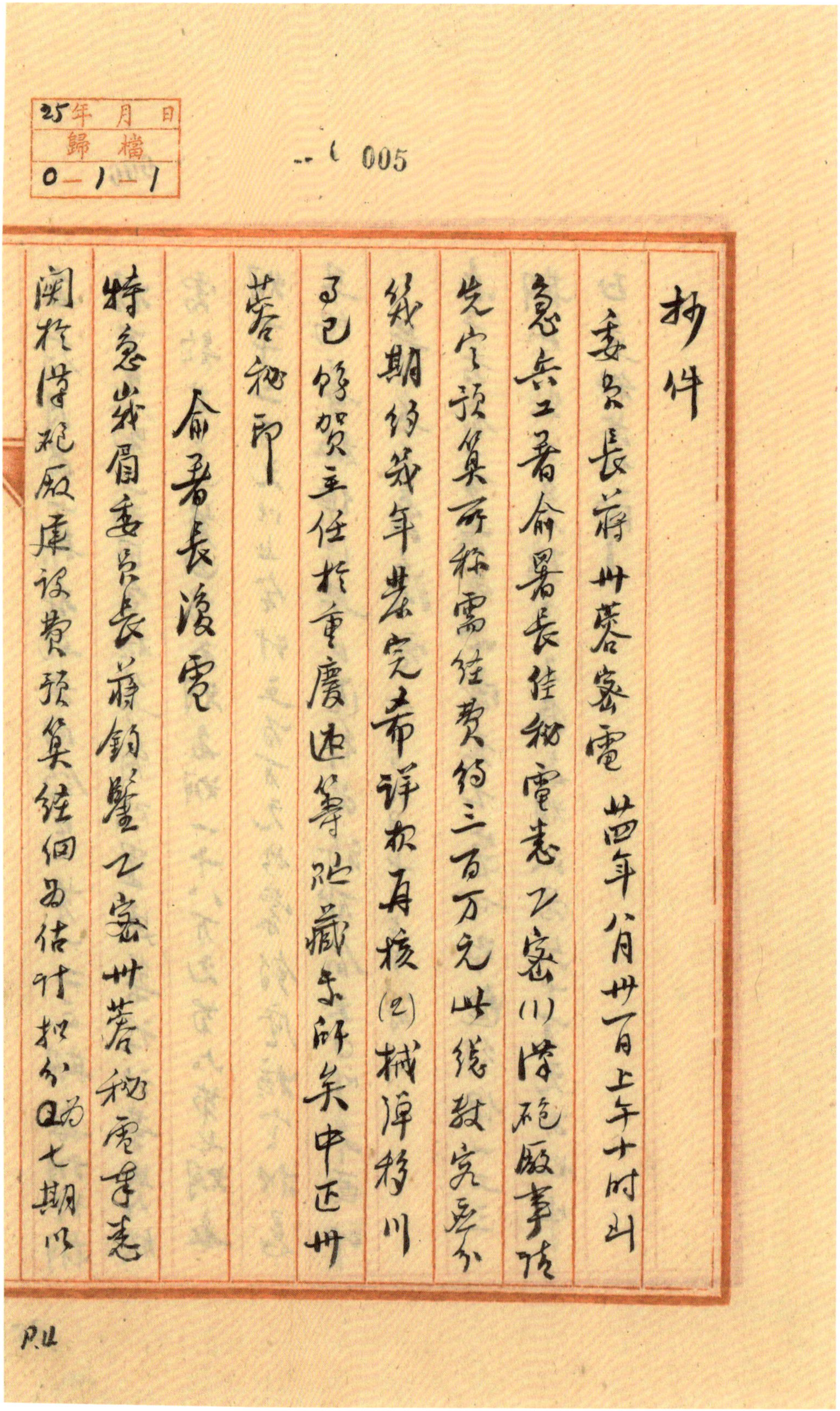

25年 月 日
歸檔
0-1-1

005

抄件

委員長蔣卅蓉密電 廿四年八月卅日上午十时出

急 兵工署俞署長鑒 秘電悉 戈密 (1)漢砲廠事俟

先定預算所稱需經費約三百万元此項總數究應分

幾期約幾年若完希詳報再核 (2)械彈移川

可已飭賀主任於重慶速籌儲藏所矣 中正卅

蓉秘印

俞署長復電

特急 成都 委員長蔣鈞鑒 戈密 卅蓉秘電奉悉

關於漢砲廠建設費預算經細為估計擬分為七期以

每三個月為一期在兩年內領足第一二三期每期計捌拾万元（初三期因包括籌備購置建築設計等費故需款甚多）第四第五期每期一十八万元第六第七期每期一十二万元以上合計三百万元如蒙鈞座核定擬懇早賜籌撥俾得早日進行為禱職俞大〇叩東酉印

蔣委員長滬電 廿四年九月七日上午八時到

兵工署俞署長冬酉電悉工廠可即進行但一二三期之款太多恐來不及每期改為六十万元可也中正魚秘蓉印

兵工署关于整理汉阳炮厂筹制新炮及试造遥控船经费支配和工作程序致军事委员会的签呈（一九三六年一月二十七日）

抄件

兵工署签呈 二十五年一月廿七日

谨查兵工建设目前急应举办者为整理漢陽砲廠筹制新砲及试造无线电远驶爆炸船与装甲快艇二端关於前一项计画计需经费三百五十一万五千元业奉钧座核准在案后一项计画亦已拟就约需经费三十三万元当经面陈在案

钧座面饬分别筹办在案

复由周署长先行拨发国币三百万元已於上年十月十七日如数领到关於前项款项之支配拟暂以二百七十万元作

008

為擴充本廠籌裝新機以三十万元作為試造無綫電送報機之用惟物價現已高漲所需费用較原計定之經費數目勢必超出其超出之數及應領經費並懇

准予另行呈請補發

謹按上兩項計劃業已分別着手進行在籌備佈置材料關於技術問題事務本着工作範圍之內依照計劃進行自可邁進無阻惟關於廠房建築器材購置以及人員聘雇等事項其具體辦法雖經

鈞座批准但必按照普通辦理程序每辦一事必俟各個有關機關審核認為手續完備始能着手實施其間公

P7

文據封異常緊張後遷復整個進程勢將延長一兩年之
久時間損失至鉅兩者計之殊非求如期完成必不可能爲
仰副
鈞座厚望之殷再三籌思惟有將本案作為特案辦
理核定經費範圍之內對於全案進行准由本署全權處
理便宜行事隨時呈報本案俟全部告竣再行彙案補立
具手續是否有當理合簽請
鑒核示遵謹呈
部長何
職俞〇〇

P.8

奉

親批「照办」

P.9

俞大维、蒋介石关于三百万元兵工建设费支配及建设二公分炮弹厂事的来往电（一九三六年二月三日、六日）

011

抄件　為撥三百萬元另行支配用途事

簽呈　廿五年二月三日　於兵工署

謹查前奉

鈞撥三百萬元之款經擬定支配計劃暫以二百七十萬元作為擴充漢陽砲廠籌裝新砲以三十萬元作為試造無綫電遠射船之用簽奉

鈞座親批照辦在案嗣奉月廿日

手諭飭將前項之款改作先建二公分砲彈廠之用經面陳

鈞座以建設二公分砲彈廠一時尚不需此鉅款而籌裝新砲試造無綫電遠射船兩項均已在進行擬暫以一百萬

P.11

元作建設二公分砲彈廠，以一百七十萬元作籌設新砲
校，以三十萬元作試造無線電遙制船之用，當奉
鈞諭准予照辦，令再具請
賜予批示，以前存案再建設二公分砲彈廠可以早日
速成，抑是
鈞座准予撥足撥充砲彈廠及試造無線電遙制船
特案辦理，對於全案進行，准由本署全權處理，便
宜行事，隨時呈報前案，俟全部辦竣再行彙案補
具手續，職奉俯請
鑒核示遵。謹呈

P.11

013

委員長
職俞大〇
有六月東　委座魚午侍參京代電
南京軍政部兵工署俞署長有三日簽呈悉所
請派員出席中正魚午侍參京

P.12

兵工署关于派技术司炮兵科科长庄权筹备在株洲建设兵工厂致该员的训令（一九三六年三月十四日）

25年 月 日
歸檔
0-1-1

014

抄件

訓令　廿五年三月十四日　兵造二(五)甲字第一〇五五号

令技術司砲兵科科長莊權

茲派該員籌備在株州建設兵工廠事宜合行令仰遵照迅將籌備處編制預算擬具完竣呈候核奪此令

P.13

庄权关于建议株洲兵工厂筹备处改名为兵工署炮兵技术研究处致军政部的签呈（一九三六年四月二十八日）

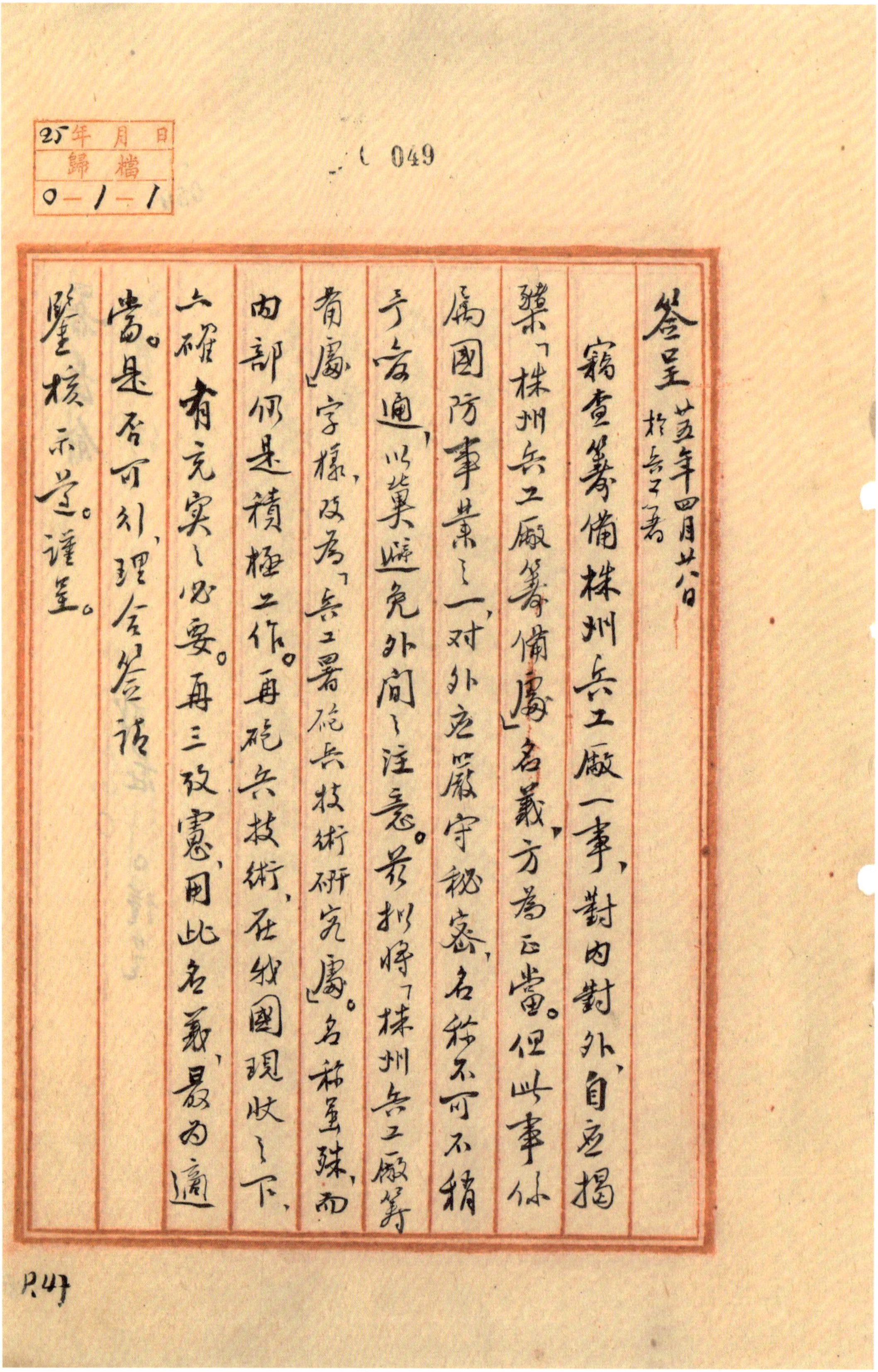
25年 月 日
歸檔
0-1-1

049

签呈 廿五年四月廿八日 於京寓

竊查籌備株洲兵工廠一事，對內對外，自應揭櫫「株洲兵工廠籌備處」名義，方爲正當。但此事係屬國防事業之一，對外應嚴守秘密，名稱不可不稍予含混，以冀避免外間之注意。茲擬將「株洲兵工廠籌備處」字樣，改爲「兵工署砲兵技術研究處」。名稱至殊，而內部仍是積極工作。再砲兵技術，在我國現狀之下，亦確有充實之必要。再三考慮，用此名義，最爲適當。是否可行，理合簽請

鑒核示遵。謹呈。

P.47

050

署長俞

職莊〇謹呈

兵工署簽呈改稱砲兵技術研究處案奉簽呈

內奉

次長批「擬准照辦」四卅

部長批「照准但對外如能秘密仍以暫不宣布

為宜」

R48

庄权为报送株洲兵工厂筹备处编制及预算书致兵工署的签呈（一九三六年四月）

032

簽呈 二十五年四月　日 於軍政部兵工署

為呈復擬具株洲兵工廠籌備處編制及預算書由

案奉

鈞長造（二五）甲字第一〇二五號訓令内開：

「茲派該員籌備株洲兵工廠建設事宜，合行令仰遵照，迅將籌備處編制預算擬具完竣，呈候核奪。」

等因；奉此，謹查株州應設之主要工廠計有砲廠、二公分砲彈廠、中口徑砲彈廠（擬從緩辦）及七九槍彈廠等四廠，其因主要工廠製造上連鎖關係，尚有動力廠、機器廠、熔銅廠、木工廠以及其他各試驗室，均須同時建設，各種計劃均須平行施展。技術上之籌備因極繁重，又在籌備時間之辦事地點，除本京外，尚有漢陽及株州二處。本京為籌備新廠之總樞，凡計劃、總務、工務一切支配工作等事均屬之。漢陽兵工廠砲廠為

P.30

製造新砲一切準備之所，舉凡機器之修理，工具及樣板之添製，及試造之新砲，均須在此完成；專廠砲廠即須移置株州。至於株州本身為新廠之所在，一切土木工程及工廠佈置，事務最繁，均須分別派人主持督促。地點既多，人事亦遂複雜，故籌備處之編制勢須分為六組，始能綜其大成，即總務組、土木工程組、工務組、設計組、會計組、購置組，各組均負專責，庶幾有條不紊。又籌備處之一切施設，即為將來新廠之雛形，故其全般事業之準備，應以新廠之整個組織與製造系統，均須健全為依歸，尤以各部不同之技術人員之聘用與訓練，為此中最應注意之點，決不可以臨時湊集，必須在事前與以充分時間，使其訓練成熟，否則新廠出品將受其極大之影響，而一廠之機能亦將成為先天之疾。再各廠之性質不同，或為整個之新廠，或為局部之整理，或為大部份之改換，其間千端萬緒，情形繁複，演進程序，自難詳為預計，籌備工作繁複情形已如上述，故籌備之工作祇可分為兩大段落：以各廠佈置完備至試造時一切應須

034

之工作為第一段落，目前所擬編制中應需人員階級與籌備處本身經常費預算，暫即以此為根據，因事實與理想難期完全相符，籌備處執行公務之時祗能自行斟酌，對於員額薪給有時必須變通，要使不超出預算範圍而已。並以試造時期為第二段落，蓋試造時期中之工作情形與籌備時期之工作已迥不相同，原有編制自難適用，屆時當另擬呈核。籌備時間暫定三年，倘進行順利，自可提早完成。至於籌備處經常費用一部份除由鞏分廠及防毒面具廠兩處籌備經費撥充外，其餘不足之數暫由整理及建設漢陽砲廠款內撥用，但尚距總數甚鉅，究應如何

指撥，懇祈

批示，俾便進行。再職奉令籌備，自當不避艱苦，努力推進，惟事有緩急之分，規定程序難期吻合，若顧慮手續，正在進行之事業必將停頓，國家蒙受無形之損失。前砲廠、砲彈廠案經呈准便宜行事，其餘建設亦須援例辦理。奉令前因，理合檢同

P.32

株州兵工廠籌備處編制及預算書各一份，呈請
鑒核示遵。謹呈
署長俞

附呈株州兵工廠籌備處編制及預算書各一份

職莊權 謹呈

P.33

附一：军政部兵工署炮兵技术研究处（原名株洲兵工厂筹备处）编造全部筹备费支付预算书

036

軍政部兵工署砲兵技術研究處（原名株洲兵工廠籌備處）編造全部籌備費支付預算書

支付經常門國幣弍萬柒千零陸拾叁元正

科目	三年預算數	每月預算數	備考
第一款 全部籌備經費	九七四,二六八.〇〇	二七,〇六三.〇〇	
第一項 薪餉費	七四二,〇六八.〇〇	二〇,六一三.〇〇	
第一目 薪俸	七一五,七五二.〇〇	一九,八八二.〇〇	本處職員額級薪俸詳編制表
第二目 薪餉	二六,三一六.〇〇	七三一.〇〇	本處士兵額級薪餉詳編制表
第二項 辦公費	一六三,四四〇.〇〇	四,五四〇.〇〇	
第一目 文具	一四,四〇〇.〇〇	四〇〇.〇〇	本處一切用於技術上應用文具甚多如繪圖晒圖及儀器等其餘紙張筆墨均在內
第二目 郵電	二五,二〇〇.〇〇	七〇〇.〇〇	本處往來漢陽株洲郵件極多其他國外郵電亦甚繁多約計如上數
第三目 消耗	一八,〇〇〇.〇〇	五〇〇.〇〇	本處及漢陽株洲各方面辦公需用茶水電灯煤油薪炭等之消耗約計如上數

P.34

第四目 印刷	七,二〇〇.〇〇	二〇〇.〇〇	印刷各項表册約計如上数
第五目 旅費	七二,〇〇〇.〇〇	二,〇〇〇.〇〇	籌備時間須派重要職員前赴各地調查或接洽又瀋陽徐州等處須派員監工及視察所需旅費約計如上数
第六目 租金	八,六四〇.〇〇	二四〇.〇〇	本處工作人員甚夥所需辦公房間較多約計租金如上数
第七目 雜支	一八,〇〇〇.〇〇	五〇〇.〇〇	各項雜支約計如上数
第三項 購置費	三六,〇〇〇.〇〇	一,〇〇〇.〇〇	
第一目 購置	三六,〇〇〇.〇〇	一,〇〇〇.〇〇	購置傢具器皿打字機及設計研究用器材所費約計如上数
第四項 特別費	三二,七六〇.〇〇	九一〇.〇〇	
第一目 特別辦公費	七,二〇〇.〇〇	二〇〇.〇〇	執行公務上必需一切額外開支約計如上数
第二目 汽車費	六,四八〇.〇〇	一八〇.〇〇	本處對外接洽事項甚多故需乘人汽車一輛每月開支如上数
第三目 其他	一九,〇八〇.〇〇	五三〇.〇〇	

附二：军政部兵工署株洲兵工厂筹备处员兵编制及额级薪饷表

軍政部兵工署株洲兵工廠籌備處員兵編制及額級薪餉表

職別		階級	名額	薪數	每月合計	備考
處長		簡任六級至四級	一	四八〇〇〇	四八〇〇〇	
總務	總務組主任	薦任三級至二級	一	三四〇〇〇	三四〇〇〇	
	文牘員	委任五級至三級	一	一六〇〇〇	一六〇〇〇	
	醫師	委任三級至薦任五級	一	二五〇〇〇	二五〇〇〇	
	司藥	委任十二級至十級	一	六〇〇〇	六〇〇〇	
	護士	委任十二級	一	四〇〇〇	四〇〇〇	
	廠務	委任八級至五級	一	一二〇〇〇	一二〇〇〇	
		委任十級至八級	一	八〇〇〇	八〇〇〇	
	出納員	委任八級至六級	一	一〇〇〇〇	一〇〇〇〇	

039

組				
辦事員	委任八級至五級	四	一二〇〇〇	四八〇〇〇
書記	委任九級至七級	二	九〇〇〇	一八〇〇〇
司書	委任十二級至十一級	三	五〇〇〇	一五〇〇〇
駐株辦事處主任	薦任四級至三級	一	三一〇〇〇	三一〇〇〇
駐漢辦事處主任	薦任四級至三級	一	三一〇〇〇	三一〇〇〇
土木工程組主任	薦任二級至簡任六級	一	四〇〇〇〇	四〇〇〇〇
技正	薦任五級至三級	一	三一〇〇〇	三一〇〇〇
技士或技佐	委任三級至二級	一	一八〇〇〇	一八〇〇〇
監工員	委任十級至六級	三	一〇〇〇〇	三〇〇〇〇
繪圖員	委任十一級至八級	二	八〇〇〇	一六〇〇〇
測量員	委任十一級至八級	一	八〇〇〇	八〇〇〇

R37

工		工務組主任	荐任二級至簡任六級	一	四〇〇.〇〇	四〇〇.〇〇	
	砲廠	主任	荐任四級至三級	一	三二〇.〇〇	三二〇.〇〇	
		技術員	荐任四級至三級	一	三一〇.〇〇	三一〇.〇〇	
			荐任六級至四級	二	二八〇.〇〇	五六〇.〇〇	
			委任七級至五級	三	一二〇.〇〇	三六〇.〇〇	
			委任十一級至六級	五	一〇〇.〇〇	五〇〇.〇〇	
		奥國工程師		一	一,〇〇〇.〇〇	一,〇〇〇.〇〇	
		奥國工師		三	八〇.〇〇	二四〇.〇〇	
	槍	主任	荐任六級至四級	一	二八〇.〇〇	二八〇.〇〇	
	彈	技術員	委任四級至三級	三	一八〇.〇〇	五四〇.〇〇	
	廠		委任十二級至七級	四	九〇.〇〇	三六〇.〇〇	

P.38

務……組					
砲彈廠	主任	薦任三級至二級	一	三一〇〇〇	三一〇〇〇
	技術員	委任五級至三級	二	一六〇〇〇	三二〇〇〇
		委任十二級至七級	四	九〇〇〇	三六〇〇〇
機器廠	主任	薦任六級至四級	一	二八〇〇〇	二八〇〇〇
	技術員	薦任六級至四級	二	二八〇〇〇	三八〇〇〇
		委任十一級至七級	五	九〇〇〇	四五〇〇〇
動力廠	主任	委任四級至薦任五級	一	三五〇〇〇	三五〇〇〇
	技術員	委任四級至一級	一	二〇〇〇〇	二〇〇〇〇
		委任十二級至六級	六	九〇〇〇	五四〇〇〇
熔銅及輥	主任	委任六級至三級	一	一六〇〇〇	一六〇〇〇
	技術員	委任六級至三級	一	一六〇〇〇	一六〇〇〇

R39

042

銅間	委任十一級至七級	二	九〇〇〇	一八〇〇〇
木工間 主任	委任五級至三級	一	一六〇〇〇	一六〇〇〇
木工間 技術員	委任十一級至七級	二	九〇〇〇	一八〇〇〇
設計組主任	薦任二級至簡任六級	一	四〇〇〇〇	四〇〇〇〇
技術員	薦任六級至三級	五	三一〇〇〇	一五五〇〇〇
	委任四級至薦任六級	三	二二〇〇〇	六六〇〇〇
	委任八級至六級	三	一〇〇〇〇	三〇〇〇〇
	委任十一級至七級	五	九〇〇〇	四五〇〇〇
會計組主任	委任三級至一級	一	二〇〇〇〇	二〇〇〇〇
會計員	委任七級至五級	二	一二〇〇〇	二四〇〇〇
	委任十一級至九級	二	七〇〇〇	一四〇〇〇

P40

	購置組主任	薦任六級至三級	一	三一〇〇〇	三一〇〇〇	
	購置員	委任十級至六級	二	一〇〇〇〇	二〇〇〇〇	
警衛隊	警衛排長	中（少）尉	一	六〇〇〇	六〇〇〇	
	特務長	准尉	一	三二〇〇	三二〇〇	
	文書軍士	上士	一	二〇〇〇	二〇〇〇	
	軍需軍士	上士	一	二〇〇〇	二〇〇〇	
	傳達兵	上等兵 / 一等兵	三 / 三	一二〇〇 / 一〇五〇	六七五〇	
	勤務兵	上等兵 / 一等兵	四 / 十六	一二〇〇 / 一〇五〇	二一六〇〇	
	號兵	上等兵	二	一二〇〇	二四〇〇	
	炊事兵	上等兵 / 一等兵	一 / 一	一二〇〇 / 一〇五〇	二二五〇	
	班長	中士 / 下士	二 / 二	一六〇〇 / 一四〇〇	六〇〇〇	

Ｃ 044

列兵	總計	
上等兵	官佐	士兵
一一八〇〇	二〇	畓
一二二〇〇〇五〇〇〇	一九八八二〇〇	七三一〇〇
三〇一〇〇	二〇六三〇〇	

附註（一）本處職員羅致訓練頗費周章為應付製造工作之妥速進行起見員額及薪給有時必須稍行變通擬請於核定薪給總數範圍之内准予在必要時酌量通融辦理

（二）本處籌備工作擬分為兩大階段以各廠佈置完竣開始試造時為第一階段試造開始後為第二階段目前所擬編制中應需人員階級及經常預算費即係以第一階段時期為根據迨試造時期開始與籌備時期之工作逈不相同原有編制自難適用屆時當另擬呈核

P.119

C 045

（三）本處雖名籌備而一切設施實為將來新廠之雛形故各部技術人員在籌備期間即須先行聘用與以充分時間俾資訓練使技術嫻熟將來一着手開工便收駕輕就熟之效

P.45

庄权关于兵工署炮兵技术研究处筹备情况致兵工署的签呈（一九三六年六月三日）

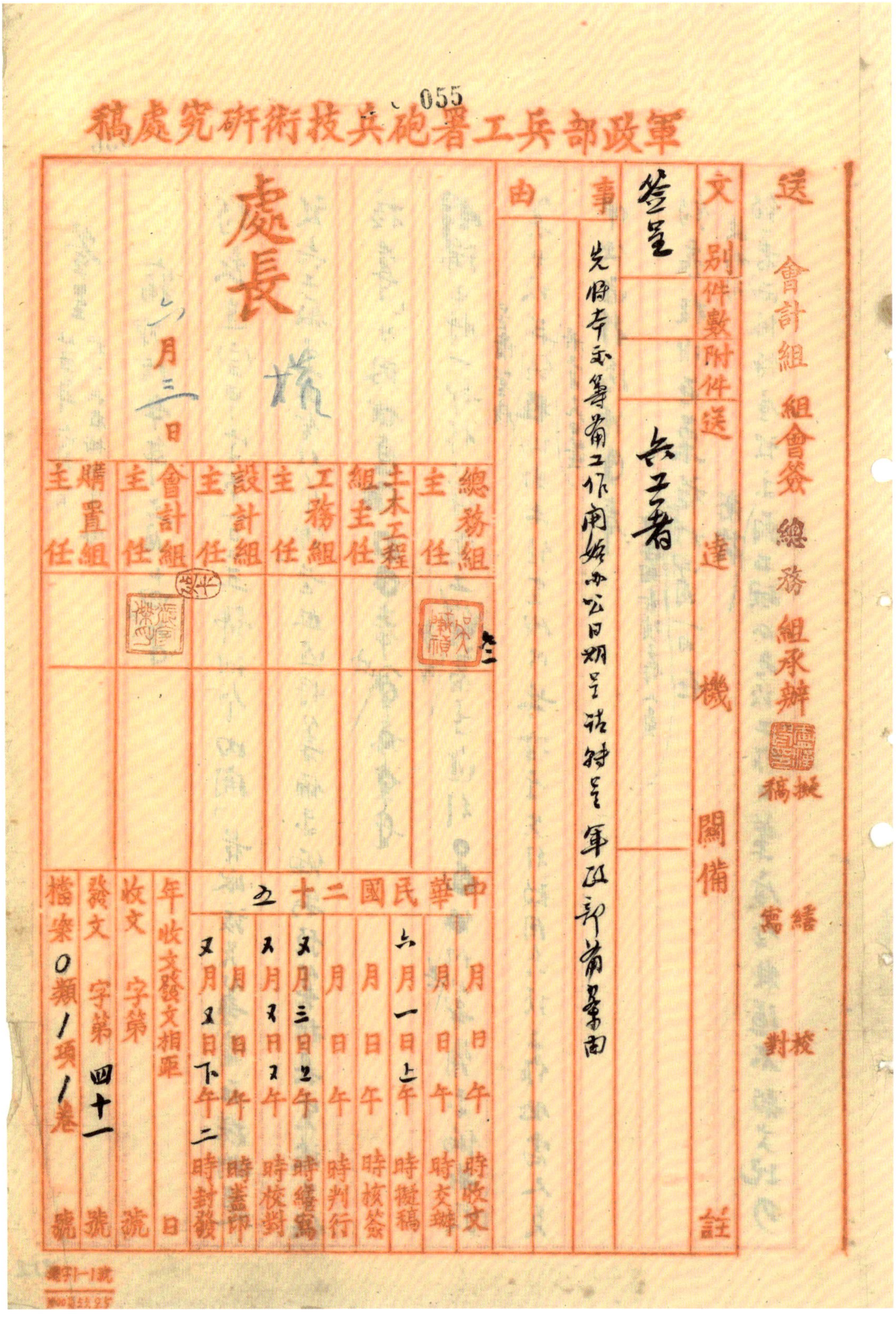

055
軍政部兵工署砲兵技術研究處稿
送 會計組 組會簽
總務組承辦
擬稿
繕寫
校對
文別 簽呈
件數
附件
送達機關 兵工署
備註
事由 先將本處籌備工作開始辦公日期呈請轉呈軍政部備案由
處長 六月三日
總務組主任
土木工程組主任
工務組主任
設計組主任
會計組主任
購置組主任
中華民國二十五年
月 日 午 時收文
月 日 午 時交辦
六月一日上午 時擬稿
月 日 午 時核簽
月 日 午 時判行
又月三日上午 時繕寫
又月又日又午 時校對
月 日 午 時蓋印
又月又日下午二時封發
年收文發文相距 日
收文 字第 號
發文 字第四十一號
檔案 0類 1項 1卷 號

簽呈 卅五年六月 日 於兵工技術研究處

竊查於本年三月十四日奉

鈞長造(35)甲字第一〇二五號訓令內開「着職處籌備在株洲建設兵工廠事宜，仰即遵照，迅將籌備處編制預算擬具呈候核奪」等因。奉此，當即遵辦在案。查職處除將一部份籌備工作着手進行外，並擬具籌備處編制預算卅頃，並請呈核（於三月九日簽），編制尚未經呈奉核准以前，擬准予先行動用各項工作必需人員，俾便進行，以資遵奉

鈞長核准在案（即任用各項工作人員）。茲於四月一日在

鈞署西偏修屋設立籌備處（技術司附設），以各項工作日繁，房屋狹隘，不敷支配，乃

057

租賃本京四牌樓圭昌里四號民房為廠辦公所，於五月四日遷陸續入廠。辦公現在本處編制預算尚未奉　核定，須俟修理合用先行籌備在開始辦公日期後再呈報。

鑒核，准予轉呈

軍政部備案，實為公便。謹呈

署長俞

廠長 莊〇 謹呈

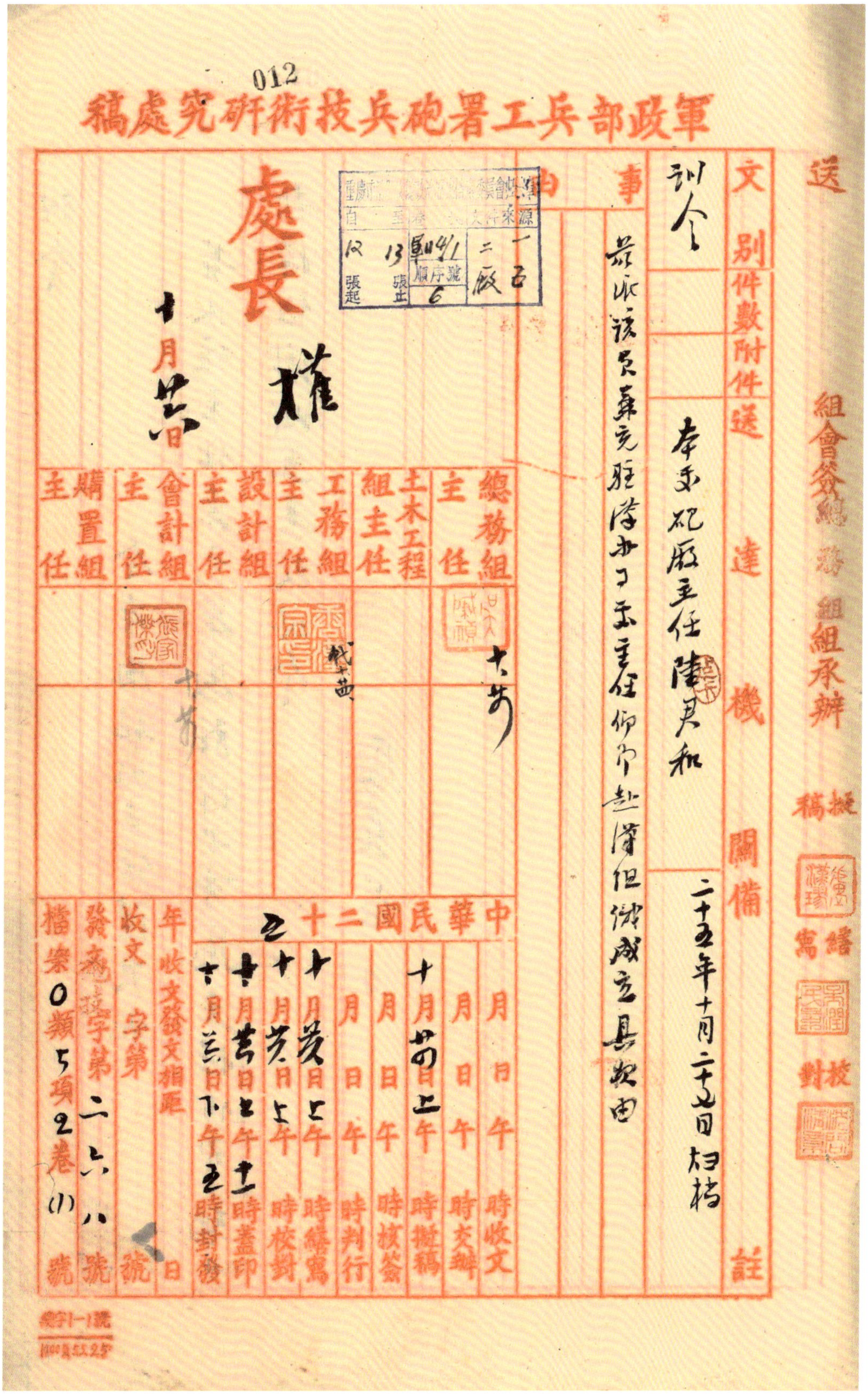
012

軍政部兵工署砲兵技術研究處稿

處長 權

十月廿日

文別：訓令

事由：奉派砲廠主任陸君和

茲派該員兼充駐漢辦事處主任仰即赴漢組織成立具報由

二十五年十月二十九日歸檔

總務組主任　土木工程組主任　工務組主任　設計組主任　會計組主任　購置組主任

中華民國二十五年

十月廿日上午 擬稿

十月廿六日上午 繕寫

十月廿六日上午 校對

十月廿七日上午十一時 蓋印

十月卅日下午五時 封發

發文砲技字第二六八號

檔案0類5項2卷(1)號

送 組會簽 總務組 組承辦 擬稿 繕寫 校對

兵工署炮兵技术研究处关于任命陆君和为驻汉办事处主任致该员的训令（一九三六年十月二十六日）

013

訓令

令本廠砲廠主任陸君和

茲派該主任兼充本廠駐渝辦事處主任仰即剋日

赴渝組織成立具報此令

廠長莊

7

陆君和关于驻汉办事处成立日期及地点致庄权的呈（一九三六年十一月十三日）

00003

簽字第壹號第　頁

案奉

砲技字第二六八號訓令，內開：「茲派該主任兼充本處駐漢辦事處主任，仰即尅日赴漢，組織成立具報，此令。」等因奉此，當即來漢，業於本月一日成立設辦事處於漢陽兵工廠內，至於接收砲廠事務，現尚未完畢，容再另報，謹先呈報備案，謹呈

處長莊

駐漢辦事處主任陸君和謹呈

十一月十三日

軍政部砲兵技術研究處用箋

6

兵工署炮兵技术研究处为报告驻汉办事处成立日期致兵工署的呈（一九三六年十一月十九日）

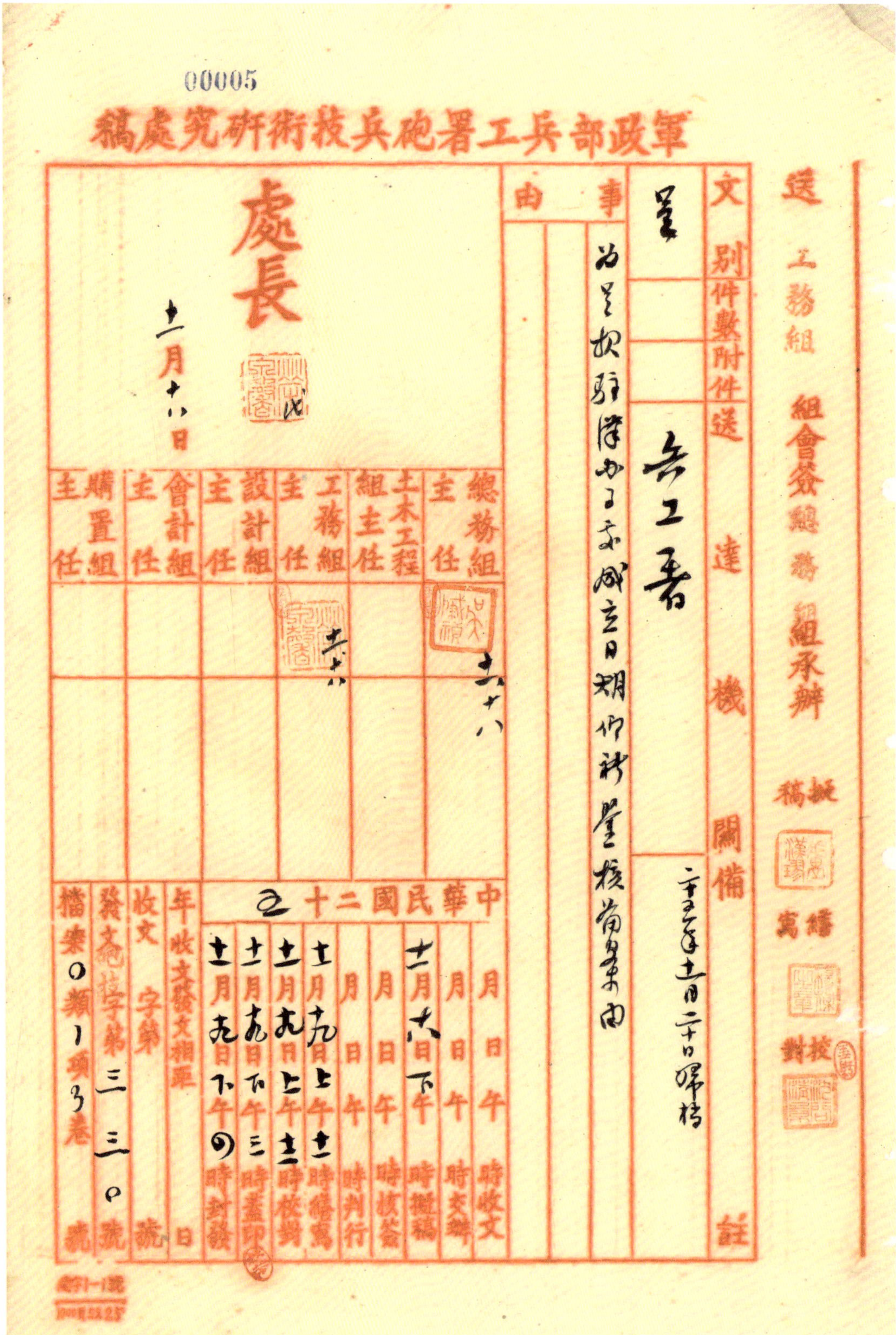
00005

軍政部兵工署砲兵技術研究處稿

處長 十一月十八日

文別：呈

送達機關：兵工署

事由：為呈報駐漢辦事處成立日期仰祈鑒核備案由

51

案據本處督學辦事處主任陸貴和呈稱「案奉訓令內開『茲派該主任兼充本處督學辦公處主任，仰即赴濟組織成立具報，此令』等因，奉此，當即來濟，業於十一月一日成立督學辦公處於濟陽縣公署內，並於接收紀署事務，現尚未完畢，容再另報，謹先呈報」前來等情，據此，理合轉呈

鑒核備案。謹呈

署長俞

全銜莊

8

兵工署炮兵技术研究处驻汉办事处为报送组织及工作系统表致兵工署炮兵技术研究处的呈（一九三六年十一月二十四日）

00028

軍政部兵工署砲兵技術研究處駐漢辦事處

漢技字第五號 第一頁

事由：呈送組織及工作系統表請 鑒核備案。

竊查本處於本月一日正式成立，業經呈報

鈞處鑒核在案。茲根據現時工作情況，擬訂本處組織系統表及工作系統表，理合檢同各該表弍份，備文呈請

鑒核備案。伏乞

指令祗遵。

謹呈

中華民國 年 月 日

27

00029

軍政部兵工署砲兵技術研究處駐漢辦事處

字第五號　第二頁

砲兵技術研究處處長莊

附呈組織系統表乙紙

工作系統表乙紙

又附還圖表借用單第七六、七七、七八號叁紙

軍政部兵工署砲兵技術研究處駐漢辦事處主任陸君和

中華民國二十五年十一月二十四日

28

附一：炮兵技术研究处驻汉办事处组织系统表

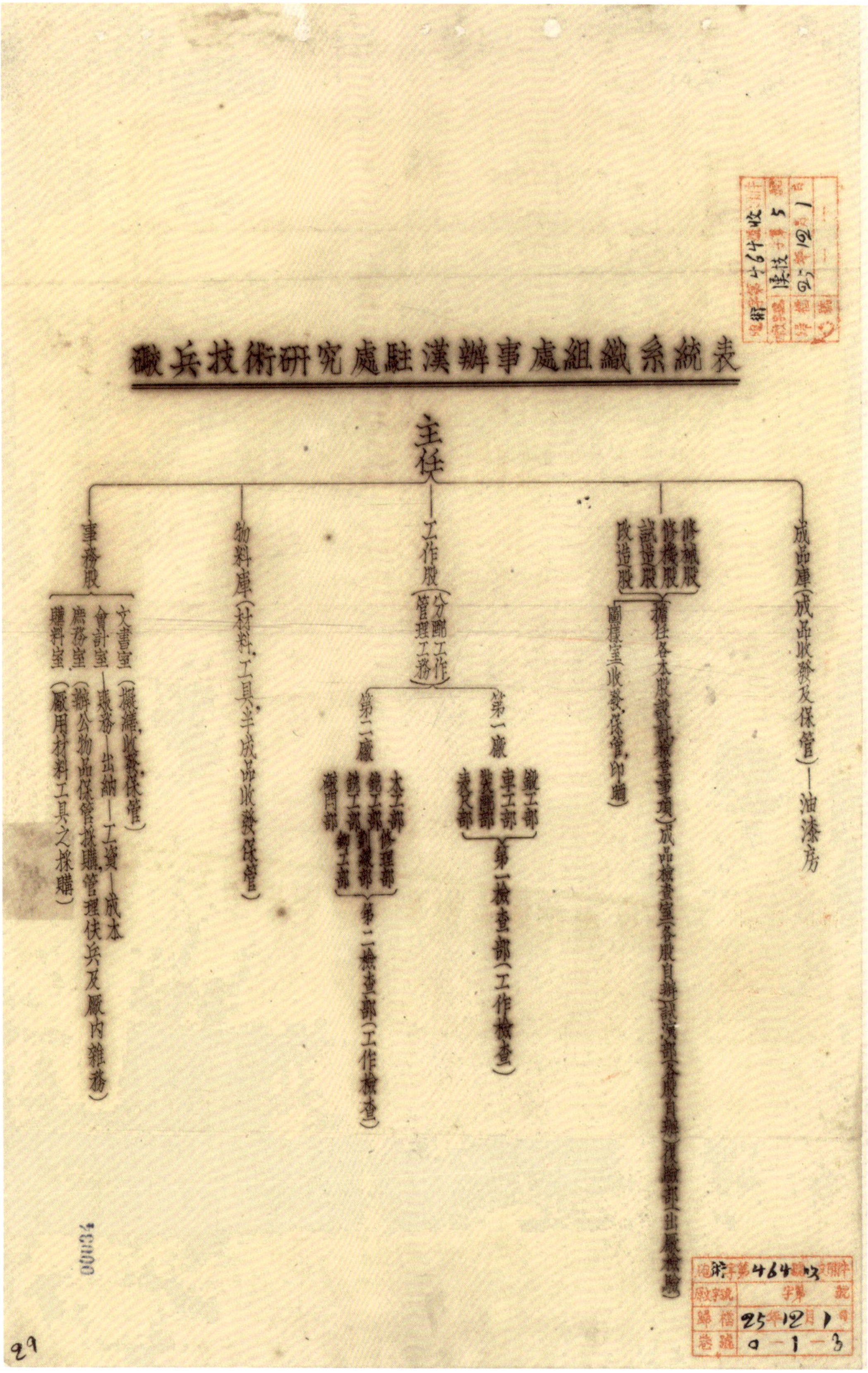

附二：炮兵技术研究处驻汉办事处工作系统表

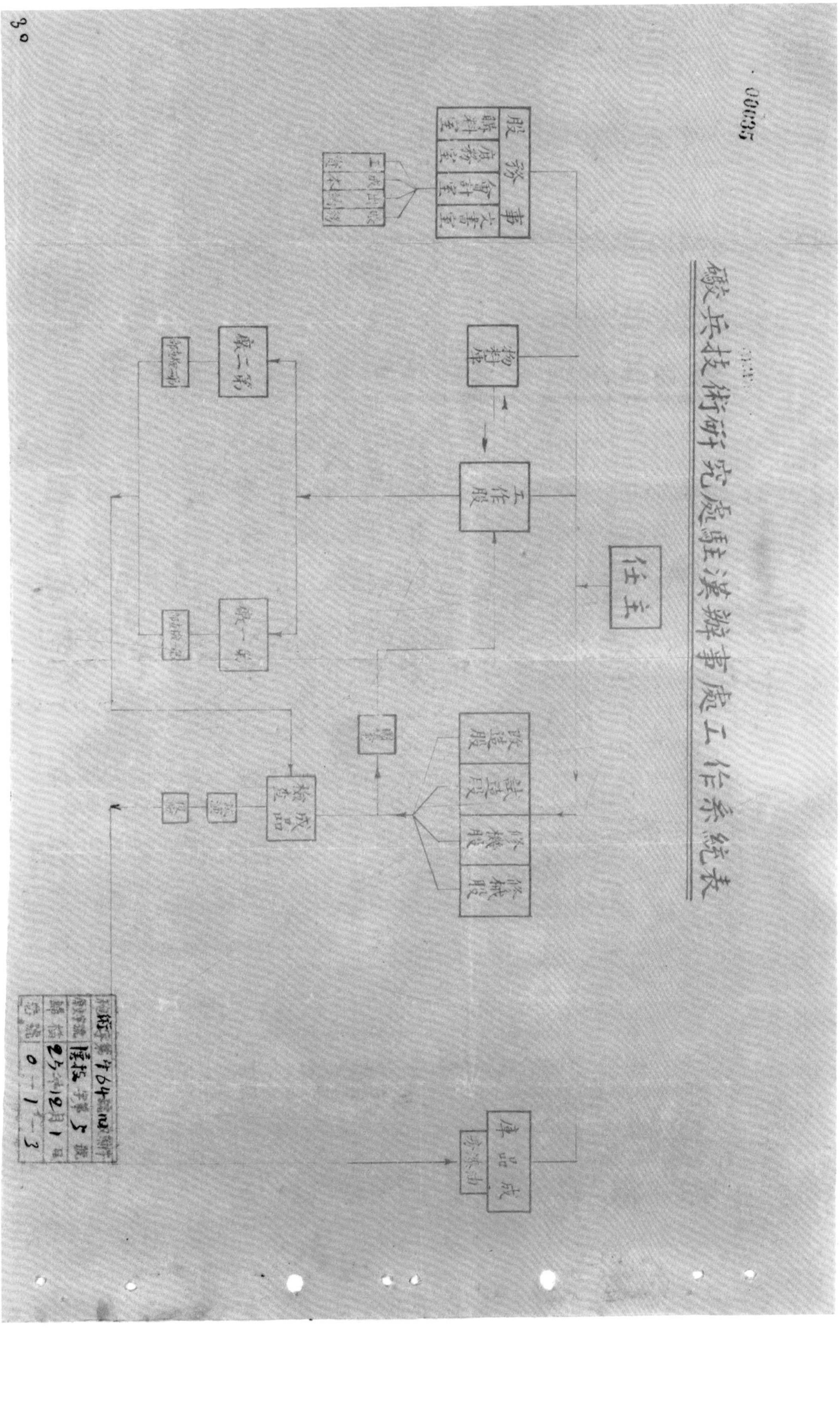

兵工署炮兵技术研究处为报告接收汉阳炮厂日期及拟适用原定编制补充人员致兵工署的呈（一九三六年十二月五日）

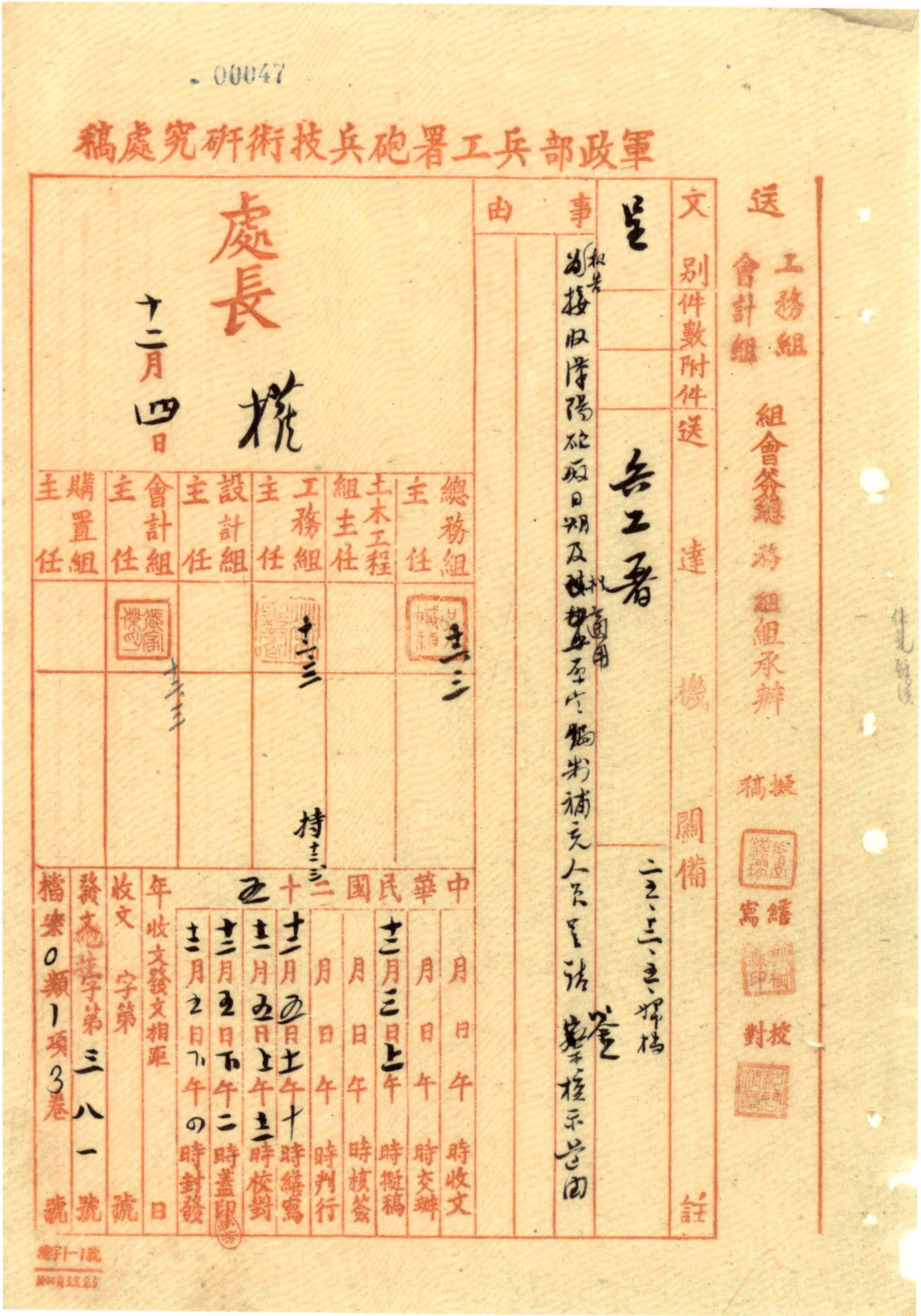
00047

軍政部兵工署砲兵技術研究處稿

處長 十二月四日

總務組主任　土木工程組主任　工務組主任　設計組主任　會計組主任　購置組主任

文別：呈

送達機關：兵工署

事由：為報告接收漢陽砲廠日期及擬適用原定編制補充人員呈請鑒核示遵由

送工務組、會計組　會簽　組承辦　擬稿　繕寫　校對

中華民國二十五年十二月三日上午　時擬稿
十二月五日上午十時繕寫
十二月五日上午十二時校對
十二月五日下午二時蓋印
十二月五日下午　時封發

發文砲技字第三八一號

檔案0類1項3卷

47-1

案由

鈞署卅五年十月廿四日遼(區)丙字第四七四四號訓令內開

「查瀋陽兵工廠所屬兼砲廠全部着自本年十一月一日

起改歸該廠接收管理除呈　部備案並派科長李吉

壤馬炳蕃往監盤暨分令外合行令仰遵照並將交接

情形具報備查此令」

等因奉此遵於十月卅一日派本廠技術員陸君和等會同稽手毓明、萬呂、劉仁、江元方、會計員周莞等赴瀋陽於十一月二日（以十一月一日適逢星期例假改）

會同瀋陽兵工廠鄭廠長家儁將砲廠全部移交接管所有該廠機器材

料文卷器具及各方機關托修砲件均在延安移交中者為數甚多查點需時應俟點收清

42

楚再列造具清冊會同監盤呈報
鑒核又查該砲廠員兵事務較簡工作人員大都由漢
陽兵工廠隨時斟酌支配並不依據砲廠原有編制此次奉
委等　命接收以舊有人員有另漢廠調回者有辭職告退者
而該廠工作則極爲增加所有修理機器改造山砲試造新
砲以及整理內部管理各項等工作在在均須同時並進因之
人員支配倍感缺乏亟待遴員補充以策進行其爲遷就
事實簡省手續起見擬將該砲廠原有編制繼續應用必
要時再由本廠添派人員繼續服務除派定該廠職員另
文呈請　委任外所有接收砲廠日期暨適用該廠舊編制

補充人員名額，自理合檢同該廠核定編制，先行呈報

487

備案，并請

鑒核祇遵。謹呈

部長俞

附呈漢陽砲廠核定編制表乙份

全銜苑〇

44

附：汉阳兵工厂炮厂编制

漢陽兵工廠砲廠編制

階級	職務	備攷
薦任五級	主任	
委任二級	二等技術員	
委任四級	仝上	
委任六級	仝上	
委任八級	三等技術員	
委任八級	仝上	
委任八級	仝上	
委任八級	仝上	

49-1

委任八級	一等廠員
委任八級	一等廠員
委任十級或中尉	二等廠員
仝上	仝上
少尉	三等廠員
仝上	仝上
仝上	仝上

軍政部兵工署砲兵技術研究處

46

株洲兵工厂组织表及说明书（一九三六年）

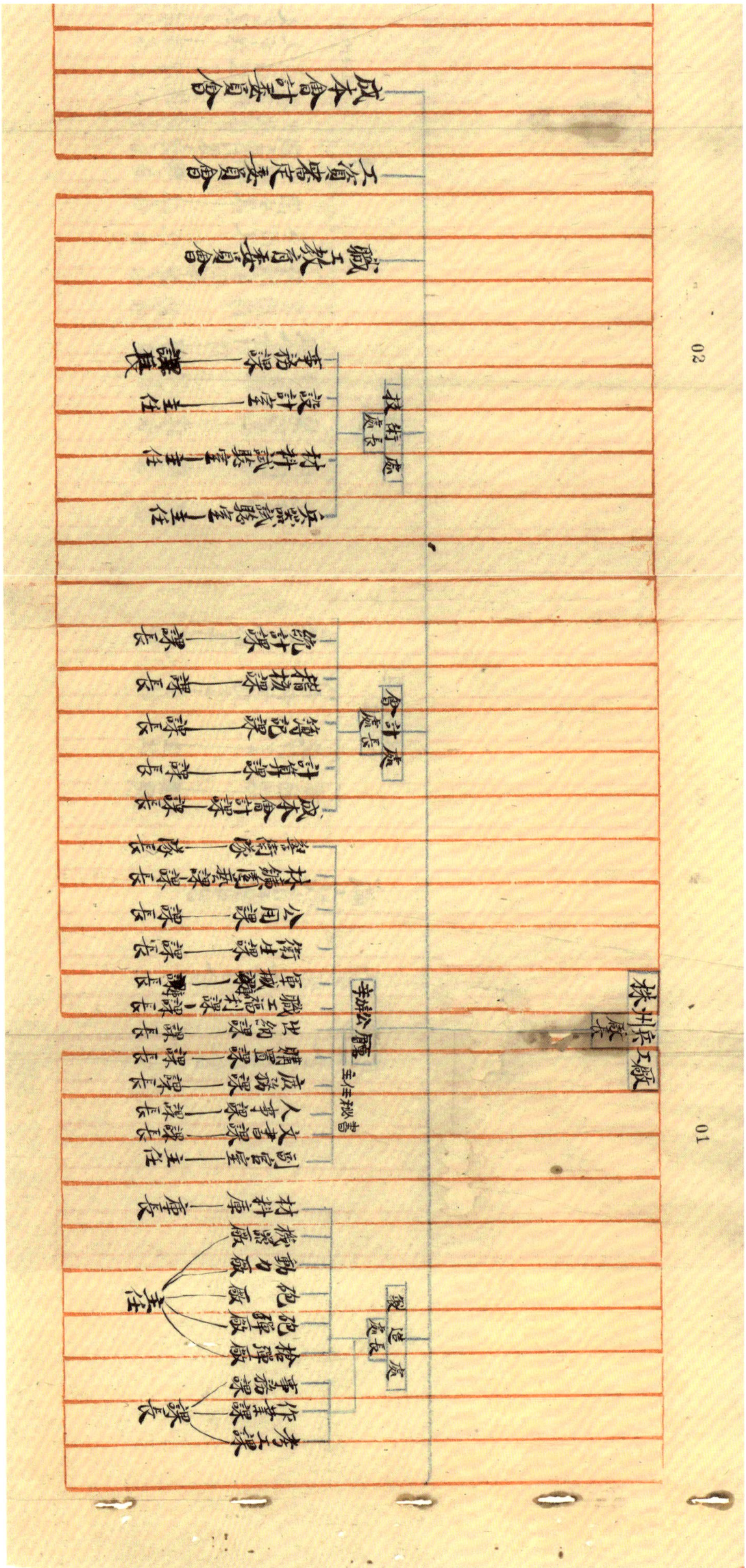

株州兵工厰组織表説明書

厰長　主管全厰对内外一切事宜，公出时職務由技術處長或製造處長代理

甲、辦公廳　辦公廳主任由厰長自兼、

辦公廳設主任秘書一员（其階級較製造處之長及技術處長為低）助理厰長繕擬及核改稿件

一、副官室　司交際、押運材料與成品、傳送秘密文件、傳達口頭命令、引導参观（應厰長批准之参观者）

二、文書課　司收發、譯電、中西文公事之撰擬、繕校（所有辦公廳各部分之繕校事宜均由此課集中辦理，故人數須多）監印、檔案、厰史之編撰、護照、印刷（全厰所有印件

04

由此集中办理，所有通知及傳閱等件均須印刷分送，以免各部分之須另派人員抄繕）

三、人事課　司職員升調銓敘，職工履歷及名冊之造製，職工事病假之登記，考績，撫卹。

四、庶務課　司傢具登記，勤務公役之指揮，職工宿舍之管理與租賃，廚房管理及其他一切關於庶務事宜

五、購置課　司全廠一切購置（即文具紙張亦屬之

六、出納課　司現金出納，發薪水工資（根據會計處之薪餉冊按名發給）金櫃（株州本工廠附近各銀行存領造備現金保管庫）

軍政部兵工署砲兵技術研究處

七、職工福利課　司運動場、俱樂部、消費合作社、儲蓄銀行、書報室（內祇備各種報紙、普通書籍及小說）、職工子女學校（完全小學及初中）、附設幼稚園、托兒所、職工補習學校、職工婦女補習學校、藝徒學校、公墓

八、衛生課　司醫院、清潔管理所。（醫院內須設備內科婦科外科及大小割症均全）

九、公用課　司自來水、電燈、電話、無線電台、消防、暖氣、運輸車輛、工廠安全、廠伕之支配、車輛

十、林礦園藝課　司暖房及農場林場礦場之管理、

十一、軍械庫　司軍械出納及庫內軍械保管

06

十二、警衛隊：司全廠警衛、升降國旗、職工軍事訓練、防空、工人臨时外出證及物件出门證之稽核、來賓出廠时间與行動之注意

乙、會計處 設處長一、其階级可與主任秘書同或較高

一、成本会计课：根據製造處考工課之賬单加入攤費公積折舊等項費以完成製品之成本计算、

二、計算課 除本處現款之計算外，得受其他各處之委託计算各種數字

三、稽核課 審查本處各種簿記及複核计算课之賬目

四、簿记课

五、統計課　司工人數目、工資、材料、學生、職員、薪水、出品

等一切之統計及造各種比較表、　本課內指定數人兼辦本處事務等宜

丙、技術處　設處長一、其階級較會計處長為高

一、設計室　根據廠長發下之製造命令設計製品之總分圖

工作程序圖、工具樣板圖、規定材料、預算工料數費、送交

製造處施行。　日常任務為兵器（與制式）等技術之研究與改良、

各種技術法規之編擬、

設計室下設圖案組（繪圖、晒圖、照相、圖案保管等事

屬之）、兵器陳列室與圖書館（儲軍事、兵器、工業、科學

等專門書籍）、

08

二、兵器試驗室　司試射擊場、成品與半成品之抽驗

三、材料試驗室　司全廠製造所需一應材料之檢驗（根據設計室或署定之規格辦理）

四、事務課　辦理本處一應不屬於技術之事宜、

丁、製造處　設處長一人、其階級與技術處、長同

子、考工課　司工賬、料賬、決算表冊之工料數量送會計處辦理成本會計、

丑、作業課　司工作支配、招考工人

寅、事務課　司不屬於技術之一切事宜

一、檢彈廠

軍政部兵工署砲兵技術研究處

二、砲彈廠
三、砲廠
四、機器廠　木工、熔銅、翻砂、打鉄、淬火、軋銅、土木、電工、修機
工具、模板、焊接、冷作
五、動力廠
六、材料庫　所有購置課購入之材料物品及署發材料
均由本庫出納
戊、職工教育委員会
工資審定委員会
成本会計委員会

10

技術處與製造處職掌之分劃

技術處司技術研究與改良，製造處司技術行政及依技術處所設計之圖案與施工方法而實行製造出品，此為二處職掌上最顯明之界限，茲舉例以說明之。

兵工署頒發製造訓令至廠，廠長據以發製造命令給技術處，技術處即設計製品總分圖、工作順序圖、各道順序所用工具刀具圖、樣板圖、工作時間表、工料預算表，送製造處并將材料規格執行製造。備工具樣板由機器廠製造，則工具刀具圖及樣板圖應直接送機器廠。技術處欲辦理所述職務，必須有極明白各廠機器與所有設備詳情之技術員，此等技術人员須时常至製造處各廠内視察，應無闭门造車之虞。

製造處收到技術處轉來之製造命令後及設計圖案與机器廠之工具、刀具、樣板後，即依製造處所指定之機器（即製造處據以預算工作时间者）交廠分别遵照施工。如施工时發生困難，應請技術處要行研究，俾之技術處之設計製造處祗有提請技術處修改而無擅行更動之權。

株州兵工廠除機器廠外，其他各廠所造均為已有設計及規格之兵器，故實際上技術處實際上對於各該廠祗須負技術改良研究之责任，惟对於機器廠之工作則較複雜耳。

12

製造處所造出品概歸技術處檢驗，其驗收之事則由兵工署派員駐廠辦理之。

購置課所購材料均須由技術處驗收合格後，方得由製造處交庫存放。

製造處出品交技術處檢驗時，同時將工料決算送技術處轉交會計處完成成本會計，技術處同時亦須將決算與所估預算比較而資改進。

裝出品之鐵皮箱與木箱均須由技術處驗收合格，方得裝用。裝箱時技術處與軍械庫各須派員參加，一則係監視裝箱技術之是否合法，二則點收數量，并加貼封條。

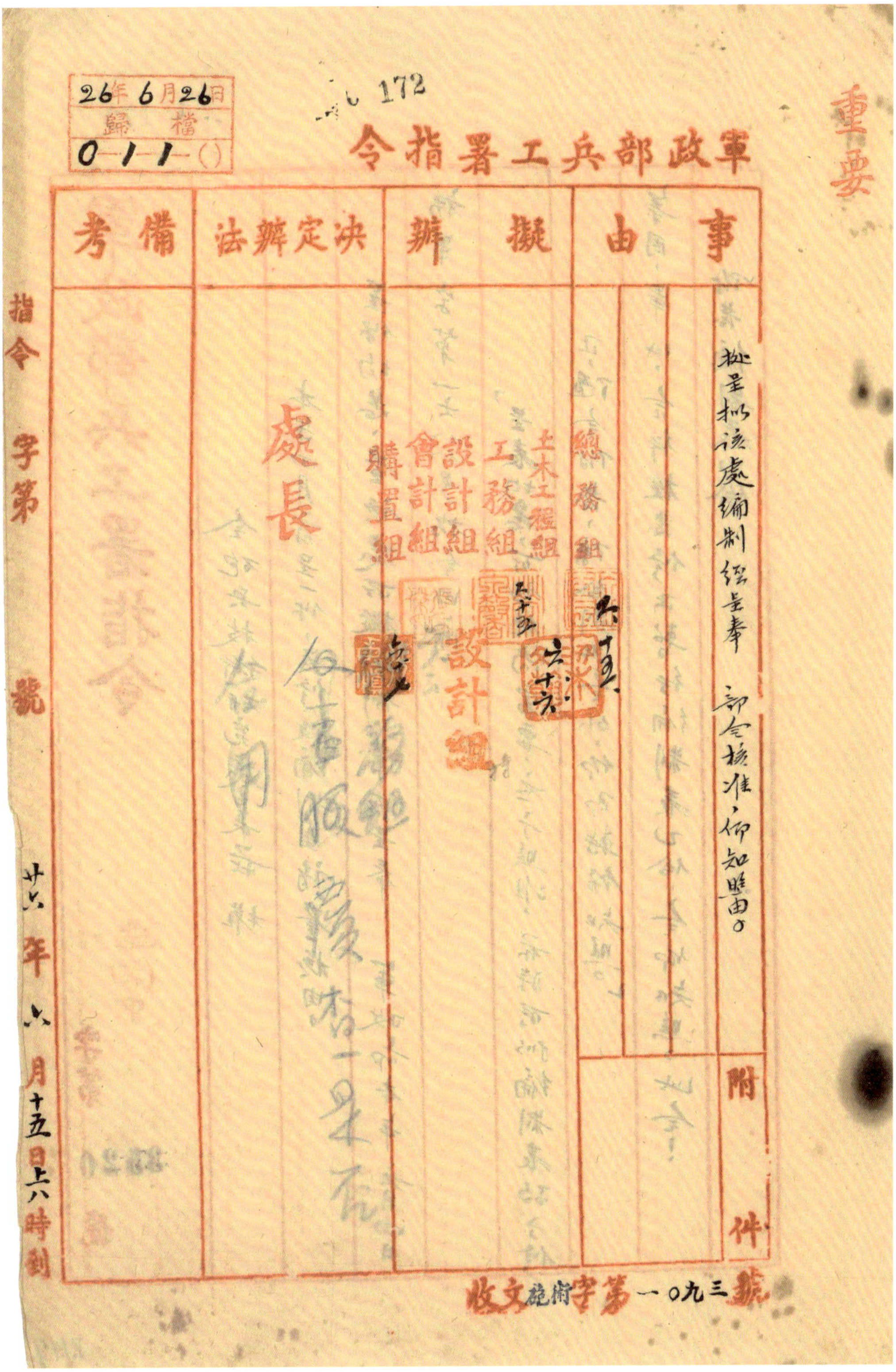

兵工署关于已核准所报编制给炮兵技术研究处的指令（一九三七年六月十四日）

173

軍政部兵工署指令

造(六)甲字第3520號

令砲兵技術研究處處長莊權

本年四月二日呈一件，為修改編制呈請鑒核由。

呈件均悉。查該處所擬編制，業經呈奉

軍政部本年六月四日務軍字第一六八八號指令內開：

「呈表均悉，所請核尚需要，應予照准。茲將所擬編制表酌予修正，隨令附發，除分別函令外，仰即轉飭知照。」

等因，奉此，合行檢發修正暫行編制表乙份，令仰知照。此令！

附發編制表乙份

P.147

174

中華民國廿六年六月　日

俞大維

中華民國廿六年六月十四日發

監印周振權
校對宗光煜

附：修正军政部炮兵技术研究处暂行编制表

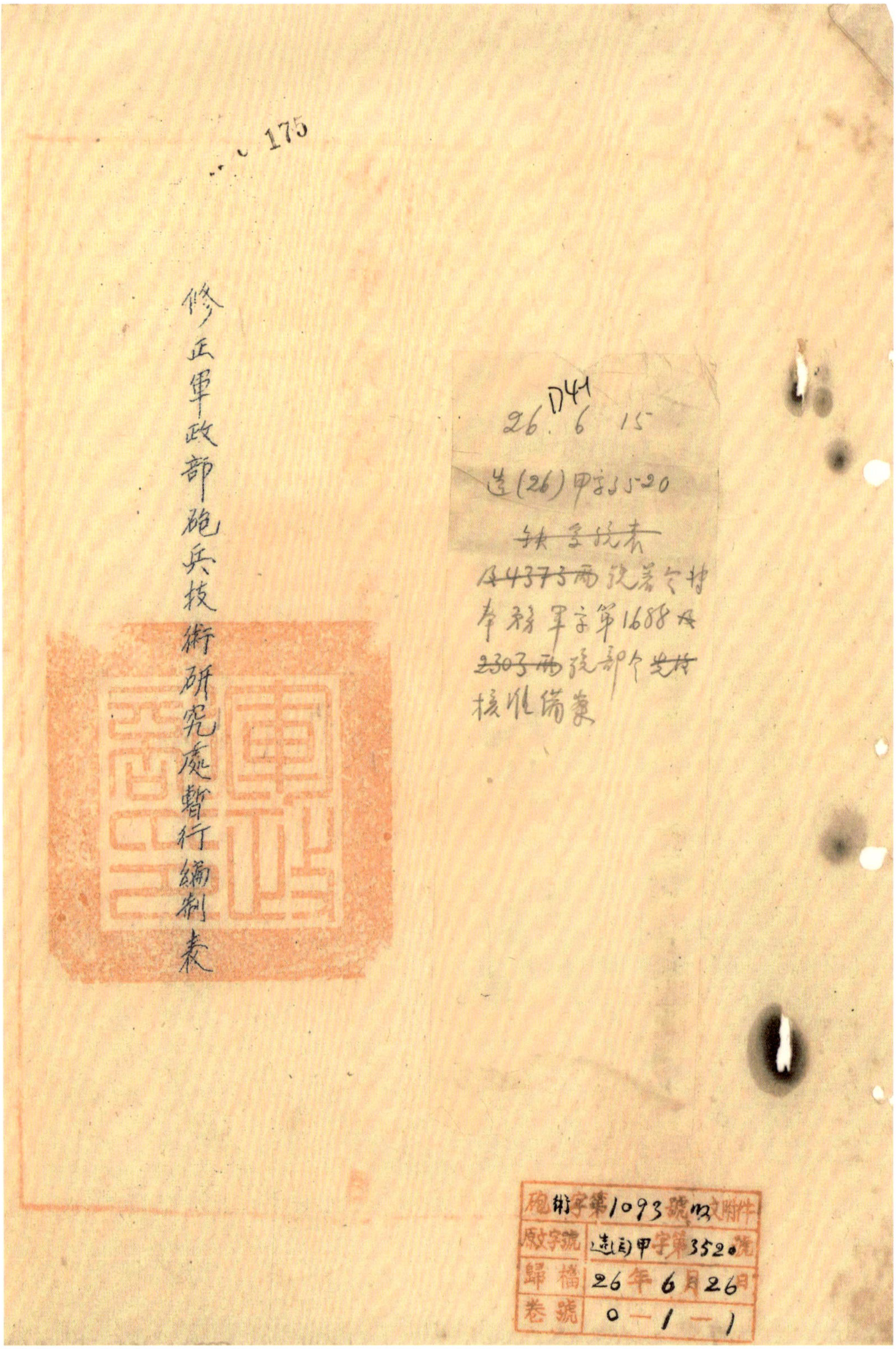
175

修正軍政部砲兵技術研究處暫行編制表

26. 6. 15

造(26)甲字3520

核准備案

砲術字第1093號附件	
原文字號	造(26)甲字第3520號
歸檔	26年6月26日
卷號	0—1—1

176

修正軍政部砲兵技術研究處暫行編制表

職別		階級		額數	備考
處長		簡任五級至四級 同少將	480.-	一	總理全處一切事務
總務組主任		薦任二級至一級 同上校	370.-	一	主管總務組一切事項
總 文書股	股長	少校（中）	170.-	一	辦理全處一切文書事宜
	股員	少校	135.-	一	
		中上尉	120-160	二	
	譯電員	同少尉（中）	60.-	一	
	書記	同少中尉	102.-	一	
	司書	同准尉（少）	84.-	二	
出納股	股長	委任六級至四級 同少校	140.-	一	掌管全處全般出納匯兑及發放薪餉等事宜
	股員	委任十級至九級 同中尉	70.-	一	
	司書	同准尉（少）	42.-	一	

480.-

P.148

177

6 5 4 3 2 6 5 1 22 6 5 4 6 5 4 3 2 2 4

務　　組

事務股	事務股	事務股	傳達兵	公役	公役	炊事兵	警衛排	警衛排	警衛排	警衛排	警衛排	警衛排
股長	股員	司書	傳達兵	公役	公役	炊事兵	排長	軍務士	號兵	炊事兵	班長	列兵
少校	少中上尉	同准（少）尉	上等兵	三二等	六五四等	二一上等兵	中（少）尉	上士	一等兵	二等兵	下中士	二一上等兵
135.-	28.-	42.-	38.40	35.20	258.80	42.40	60.-	16.-	8.40	16.-	24.-	10K
一	二二一	一	四	二一	七七五	二二一	一	一	一	二	一一	四四四
辦理廠防人事交際及軍紀等事宜							辦理全廠消防警衛并押運械料事項	辦理文書軍需				

2517.20

P.149

178

17 15 9 2 8 5 4 23 22 10 3 2 8

土木工程組				
土木工程組主任		一		由駐桂辦事處主任兼不另支薪
技術員	委任二級至一級	一	200.—	
工務組主任	薦任二級至一級	一	370.—	
技術員	薦任三級至二級	一	340.—	
技術員	委任四級至三級	一	160.—	
事務員	同中尉	一	60.	辦理本組文件之收發及幫助繕擬文稿
	同少尉	一	40	抄寫文件并保管圖表及各組文件 972.—
製配廠 技術員	薦任四級至三級	一	310.—	
	薦任五級至四級	一	280.—	
	委任二級至一級	一	200.—	
	委任三級至二級	二	360.— (180)	
	委任九級至八級	一	80.—	
	委任十二級至十級	一	60.— 1,290.—	

200.—

P.150

179

5 15 11 15 15 17 4 9 17 4 5 10 15

務

單位	職務	官等	員額	薪額
槍彈廠	技術員	薦任五級至四級	一	280.-
		委任三級至二級	二	360.-（180）
		委任五級至四級	一	140.-
		委任七級至六級	一	100.-
		委任九級至八級	一	80.-
		委任十二級至十級	一	60.-（1020.-）
砲彈廠	技術員	薦任四級至三級	一	310.-
		委任三級至二級	一	180.-
		委任十二級至十級	一	60.-（550.-）
機	技術員	薦任四級至三級	一	310.-
		薦任五級至四級	一	280.-
		委任四級至三級	一	160.-
		委任五級至四級	一	140.-

二

P.151

180

組別	職別	官等	人數	月薪
組 廠		委任六級至五級	一	120.-
		委任八級至七級	二	90 180.-
		委任九級至八級	一	80.-
		委任十級至九級	一	70.-
		委任十二級至十級	四	60 240.- 1,580.-
發電所	技術員	委任一級至薦任六級	一	220.-
		委任五級至四級	一	140.-
		委任十級至九級	一	70.-
		委任十二級至十級	一	60.- 490.-
	設計組主任		一	處長兼代不另支薪
設	技術員	薦任二級至一級	一	370.-
		薦任三級至二級	一	340.-
		薦任五級至四級	一	280.-

三

5,902.-

P.152

181

計

兵器試驗室												
						技術員						
荐任六級至五級	委任一級至荐任六級	委任二級至一級	委任三級至二級	委任九級至八級	委任十二級至十級	荐任六級至五級	委任三級至二級	委任五級至四級	委任八級至七級	委任九級至八級	委任十級至九級	委任十二級至十級
一	一	二	二	一	三	二	一	一	一	二	二	一
250.-	220.-	200 400.-	180 360.-	80.-	60 180.-	250 500.-	180.-	140.-	90.-	80 160.-	70 140.-	60.-
					2,480.-							1270.-

P.153

182　　184

組別	職別	官等	人數	數額
材料試驗室組	技術員	荐任五級至四級	一	280.-
		荐任六級至五級	一	250.-
		委任六級至五級	二	240.-（120）
		委任七級至六級	一	150.-
		委任九級至八級	一	80.-
		委任十級至九級	一	70.-
		委任十二級至十級	一	60.-
會計組	會計組主任	委任一級至荐任六級	一	220.-
	組員	委任七級至六級	一	100.-
		委任八級至七級	二	180.-（90）
		委任十級至九級	二	140.-（70）
		委任十二級至十級	一	60.-
購置組	購置組主任	荐任三級至二級	一	340.-

1080.-

700.-　　4830.-

P.134

3 183 180

單位	職別	官等	人數	薪額	備考
組置	組員	委任六級至五級	二	240.- (120)	
組置		委任十二級至十級	一	60.-	
組置		委任十級至八級或同中(上)尉	一	80.-	
駐漢辦事處	駐漢辦事處主任	薦任三級至二級	一	340.-	
駐株辦事處	駐株辦事處主任	薦任三級至二級	一	340.-	
駐株辦事處	技術員	委任四級至三級	一	160.-	
駐株辦事處		委任八級至七級	一	90.-	
駐株辦事處		委任九級至八級	一	80.-	
駐株辦事處		委任十級至九級	一	70.-	
駐株辦事處	辦事員	委任十級至八級或同上尉	一	80.-	擬稿登記收發保管各種文件
駐株辦事處		委任十三級至十級或同中尉	一	60.-	辦理庶務事宜
特聘	奥國工程師		一	1050.-	
專家	奥國工師		三	2400.- (800)	

3450.- 880.- 340.- 720.-

四

P.155

184

184

總計	
官佐	一二一員
士兵	三九名

附記

一、本表內所列人員額數應按事實需要分別緩急設置之

二、凡初任人員一律從最低級委任但有特殊情形經呈准者不在此限

三、本處技術人員階級係以軍用技術人員任用条例第四条比照文官之規定所訂定

260119.20

P.156

兵工署炮兵技术研究处为驻汉办事处应参加汉阳兵工厂防务管理并由汉阳厂指挥致驻汉办事处的电（一九三七年八月三日）

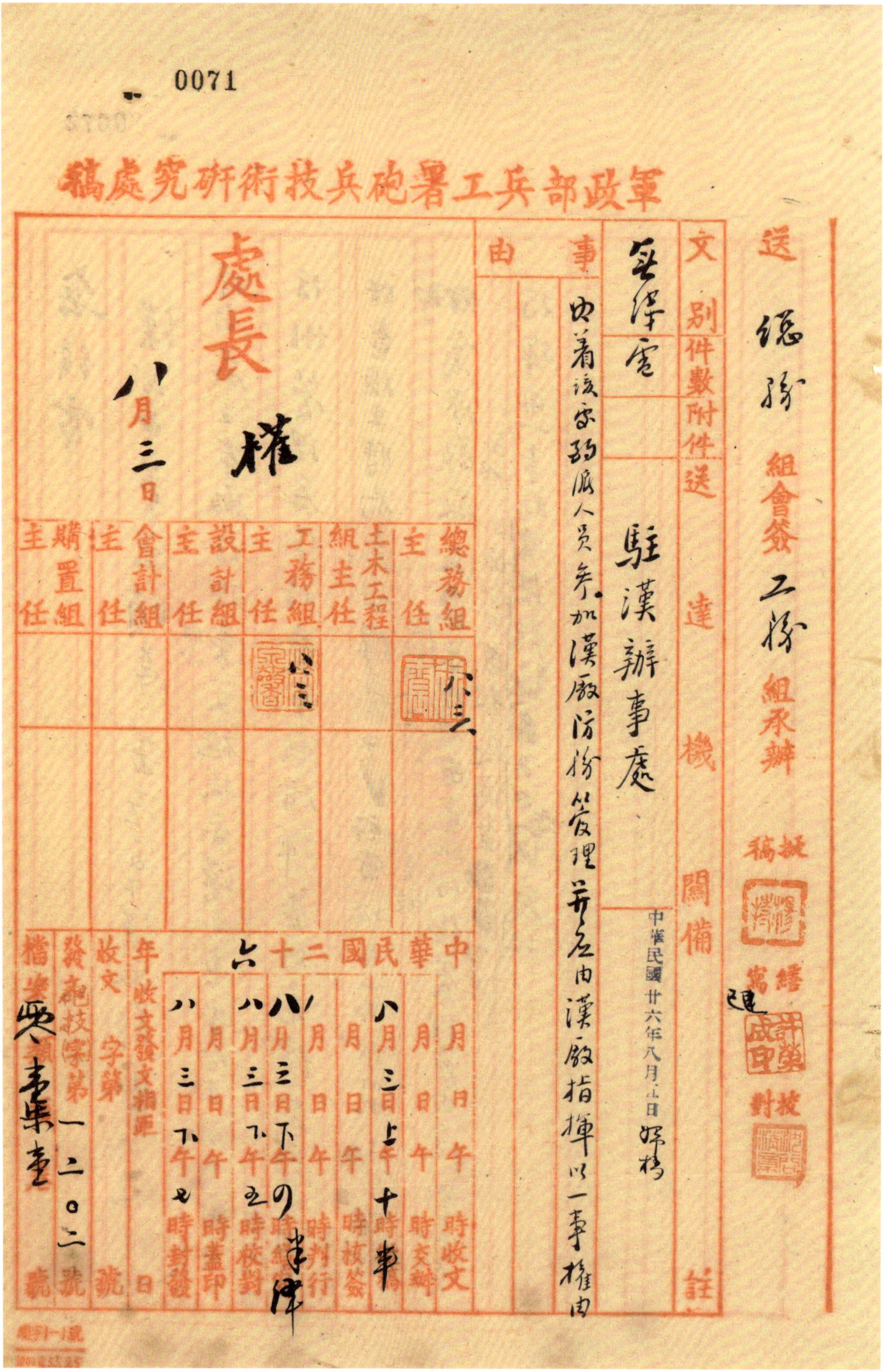
0071

軍政部兵工署砲兵技術研究處稿

送：總務組會簽　工務組承辦

文別：電

件數附件：

送達機關：駐漢辦事處

事由：由着該處職人員參加漢廠防務管理並由漢廠指揮以一事權由

處長　權　八月三日

總務組主任　土木工程組主任　工務組主任　設計組主任　會計組主任　購置組主任

擬稿　繕寫　校對

中華民國廿六年八月三日擬稿

中華民國二十六年

月日午時收文　八月三日上午十時交辦　月日午時核簽　月日午時判行　月日午時繕寫　八月三日下午五時校對　月日午時蓋印　八月三日下午七時封發

年收文發文摘要

收文字第　號

發砲技字第一二〇二號

檔案編號

0072

急銑電

漢武昌董密頃奉署座交下漢廠鄭廠長篠電稱

時局嚴重本廠防務緊要又砲技處漢分處事處全在廠內所有

防衛管理應絕對受本廠指揮否則危險實大等因準此 由滬交

此查現在時局危亟除有處正處所有該處一切防範警衛事宜看

印。

商承鄭廠長處理所有分處並約廠人員加漢廠防務管理應由漢廠負責

並將所派人員報處備查勿延

指揮用一事權並除艱危處江

庄权为器材迁移请派部队保护致湖南省主席何键的函（一九三七年九月十一日）

砲技（兵）字第一四〇九號

拟致湘省政府何主席函

芸公主席麾下：日昨晋謁
崇階，幸獲親承
榘論，親承復蒙
盛宴款待，私衷感篆，莫罄言宣，謝甚。此次奉
命移湘，逕託
帡幪，諸荷
閎垂，尤深銘感。現以株廠方面正在積極建設，
所有大批機件〔儀器〕材料及職員眷屬均相繼到達，
擬以廠址地段遼闊，原駐保安隊五六壹連，殊感

（番号陸軍獨立第三十二旅六九五團第三營第七連）

中華民國廿六年九月十一日發

0093

防範非常周、昨承

俞允准將派壹連、藉資警衛、擬懇

飭屬選予調派赴城接替、俾策安全、曷勝真任感禱、

又本處擬運滬廠子彈機件等件、擬懇[illegible]以便儲放[illegible]

專此奉懇、即申謝悃、虔頌

鈞安、維祈

垂詧。

莊〇 謹啓 廿九、△

軍政部兵工署砲兵技術研究處

何键为已布置株洲兵工厂保卫事宜复庄权的函（一九三七年九月十二日）

0095

賢行處長勛鑒頃接
大函敬悉一是關於株廠方面加兵保衛
事宜已電飭胡警備司令遵照辦理並
派員前往東陽渡子彈廠會同視察
一節亦飭保安處派少校科員王樹祖
前來接洽矣尚復並頌
勛祺
何鍵啓 九、十二

南省保安處用箋

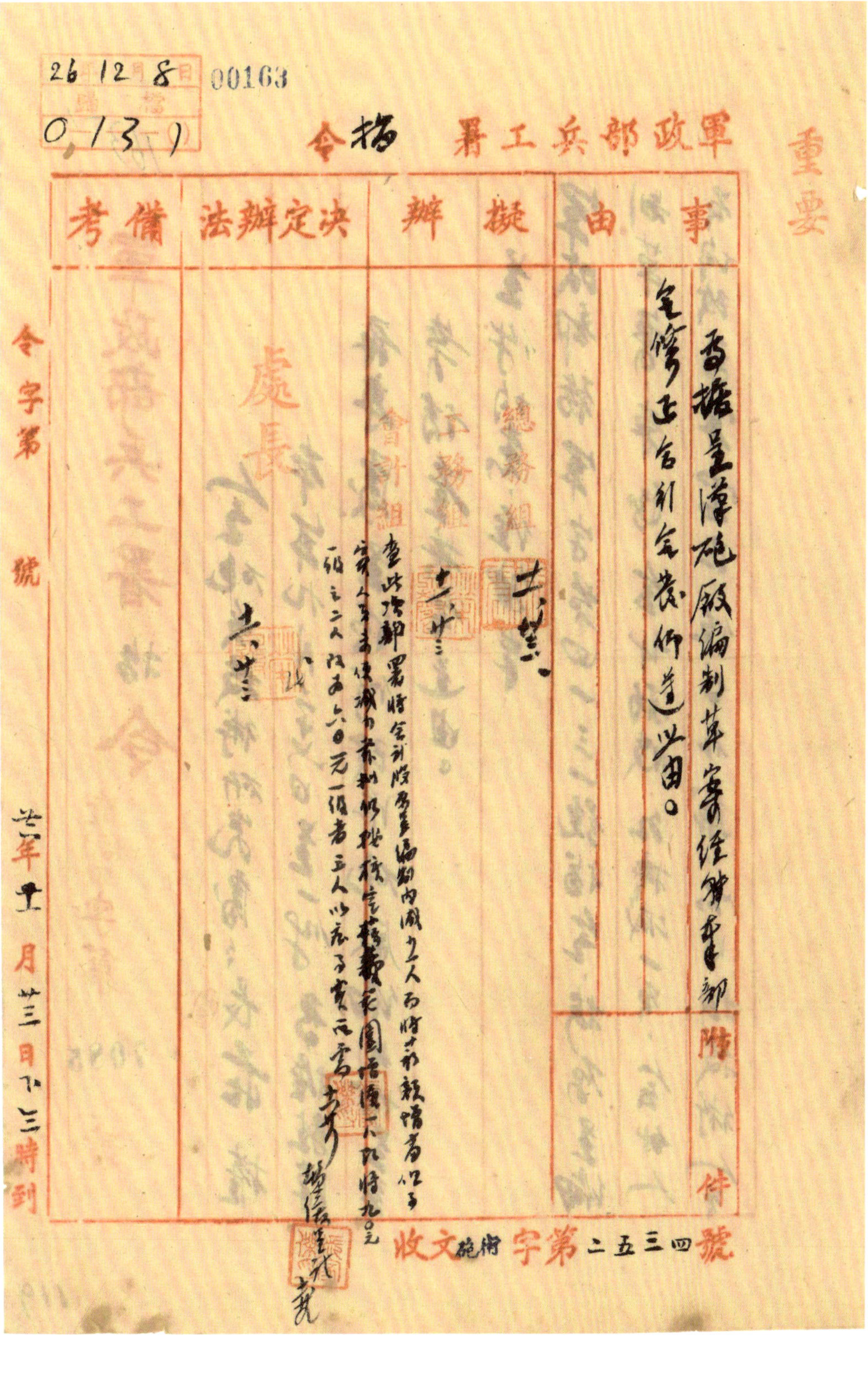
重要
軍政部兵工署指令
26 12 8　00163
0131

事由	擬辦	決定辦法	備考
爲據呈漢陽砲廠編制草案經部核定修正合行令發仰遵照由。 附件	總務組 十一、廿二 工務組 十一、廿三 會計組 [illegible]	處長 十一、廿三	令字第　號 廿六年十一月廿三日下三時到

收文砲術字第四三五二號

兵工署为检发修正汉阳炮厂编制表给兵工署炮兵技术研究处的指令（一九三七年十一月十六日）

163-1

軍政部兵工署指令

造（六）甲字第7085號

令砲兵技術研究處處長莊權

本年九月二十六日呈一件，為據駐漳辦事處呈請修改漳砲廠編制附呈草案，請鑒核令遵由。

呈件均悉。經轉奉

軍政部務軍字第四一三一號指令：據呈編制草案，業務、會計兩股，應撤減一員，會計人員均改為軍需正、佐等名義，不得援技術人員

119

164-1

待遇、昔因為呈非會計人員，係辦理全廠會計及成本計算等事宜，需要專門學識，請照各廠職員，仍按技術人員待遇。茲奉務軍字第四四一八號指令照准，合行抄發修正編制表，仰即遵照為要。

附發修正漢陽砲廠編制表一份

164-2

中華民國廿六年十二月　日

俞大維

中華民國廿六年十二月十六日發

00165

修正軍政部兵工署砲兵技術研究處漢陽砲廠編制表

二十六年十月

職別	階級	薪額	員額	每月合計	備考
主任			一		綜理全廠一切事宜由砲兵技術研究處駐漢辦事處主任兼不另支薪
工作股 股長			一		辦理全廠修造工作之計劃及分配事宜由砲兵技術研究處派員兼充不另支薪
工作股 技術員	委任三級至二級	一六〇 〇〇	一	一六〇 〇〇	
	委任八級至七級	九〇 〇〇	一	九〇 〇〇	
	委任九級至八級	八〇 〇〇	一	八〇 〇〇	
工作股 辦事員	同中尉	六〇 〇〇	二	一二〇 〇〇	一、稽核到工缺工登記工人請假紀錄動情編造有關人事表冊。一、登記工作進度表。一、分發工作卡片。
	同少尉	四二 〇〇	二	八四 〇〇	一、管理工具收發並編造統計表冊。一、登記並收發工料製品及在製品。
事務股 股長			一		辦理全廠事務由主任兼代不另支薪
事務股 股員	同上尉 / 同中尉	八〇 〇〇 / 六〇 〇〇	一 / 一	一四〇 〇〇	辦理文書出納庶務事項
事務股 書記	同少尉	四二 〇〇	一	四二 〇〇	
會計股 股長	委任六級至五級	一二〇 〇〇	一	一二〇 〇〇	稟承砲兵技術研究處之命并受主任之指揮辦理全廠之會計及成本計核事宜
會計股 股員	委任七級至六級	一〇〇 〇〇	二	二〇〇 〇〇	
	委任八級至七級	九〇 〇〇	二	一八〇 〇〇	
庫務管理員	同中尉	六〇 〇〇	一	六〇 〇〇	直屬主任
總計			一八	一,二九六 〇〇	

121

庄权关于接任汉阳办事处主任应注意事项致赵达的笺函（一九三七年十一月二十五日）

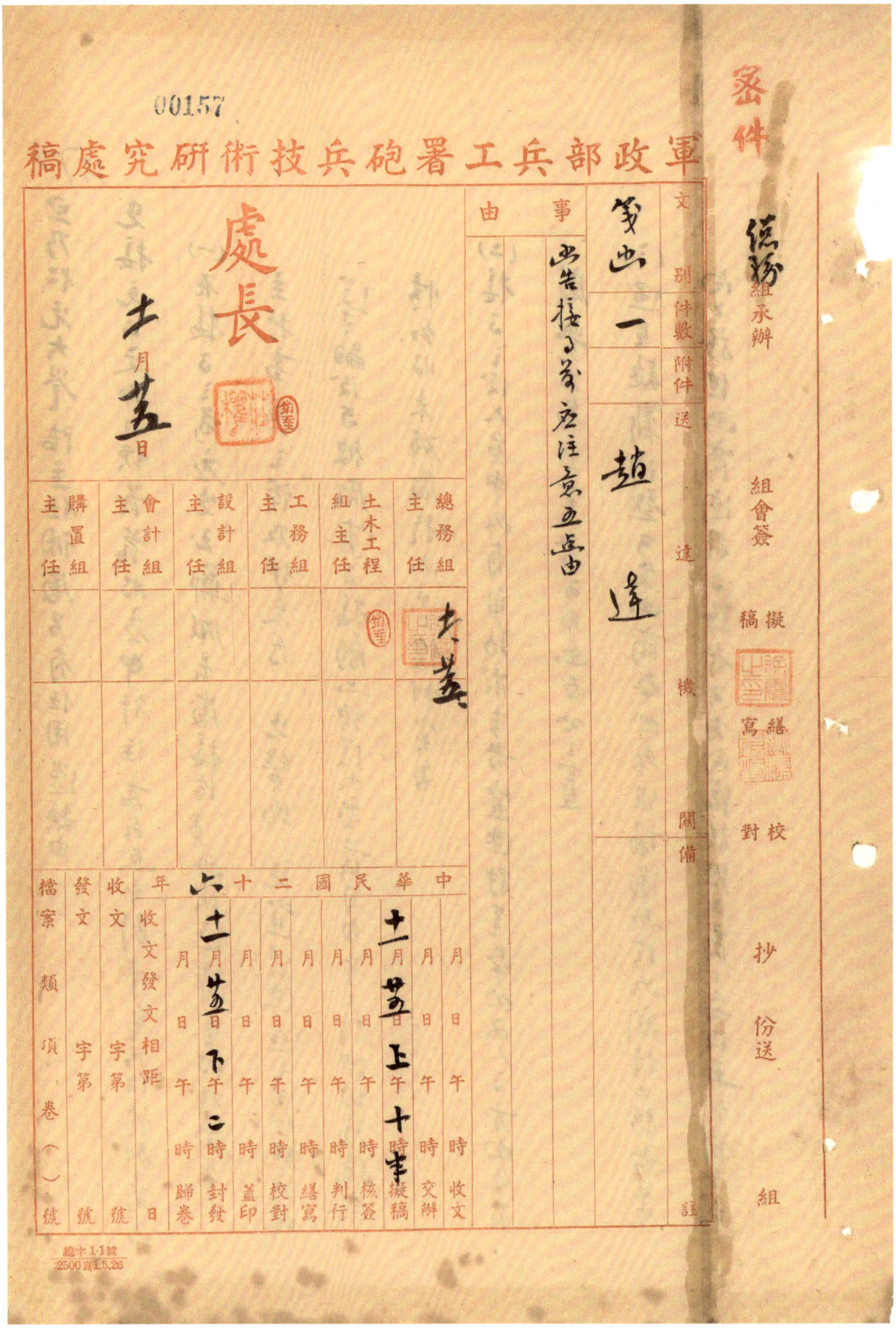

00157

密件

軍政部兵工署砲兵技術研究處稿

文別：箋函

件數：一

附件：

送達：趙達

事由：為告接事後應注意五點由

處長 十一月廿五日

總務組主任 十一月廿五日

總務組承辦

組會簽

擬稿

繕寫

校對

抄

份送

組

中華民國二十六年

擬稿：十一月廿五日上午十時半

封發：十一月廿五日下午二時

157-1

旦乃仁兄大鑒：陸主任調處另有任用，遺缺由

兄接充，公文即日頒發。茲將應即行注意各點，分別奉告，請加意焉。

（一）在接事之前，應先至鄭廠長處接洽。鄭此次返滬，曾將砲廠為人

主持事與之談及，伊允為兄贊助。兄宜以謙遜之度，懇請指

導，關係與彼廠有事接觸，亦須從大處著目，勿斤斤於細故瑣務，俾感

情和好，將來砲廠於辦事上便利實多。

（二）接事之後，人員中如有自動求去者，宜速呈報本處。又人事方面如有

感覺不當變更者，可即函本處處置。

（三）遇有疑難問題，可先函商本處各組協議辦法。如關於工務者，可先

向工務組函商；關於事務者，可先向總務組函商之，無須再呈請正式

113

00158

公文如此则可免除隔阂减少办事上许多困难以节手续要令（可查案）陈主任来缄奉行者宜速办理

（四）车工部工头刘金林即予开除

（五）对于哈氏要须与和衷共济勿以彼为异国人而生猜疑之心哈氏所见固未必尽是当然有可采用者必予尽量采用庶可收分工合作之效要知设计组与硫厂本为一条直线工作也

以上五项不过举其弊之大者耳尚希兄精思密虑随时观察情形力图改进并请多以身作则刷新精神领导全厂员工勤奋努进使硫厂成绩计日可观则非特本处之幸亦国家之利也特此布达

顺颂

總字1-2號
1500頁1.5.26

114

158-1

存稿

茅莊 ○ 齋

兵工署炮兵技术研究处为赵达任驻汉办事处主任致兵工署的电（一九三七年十一月二十六日）

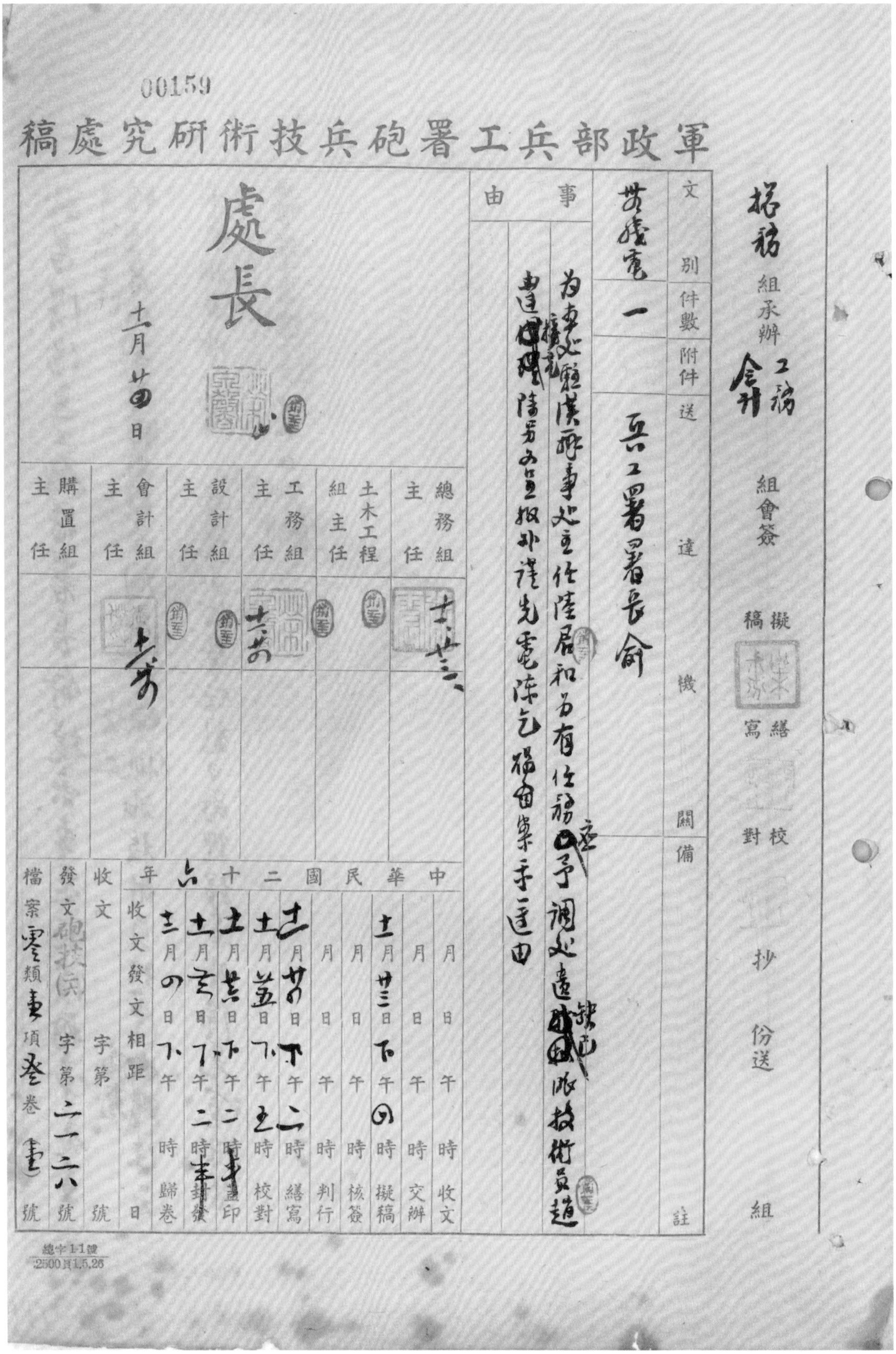
00159

軍政部兵工署砲兵技術研究處稿

處長 十一月廿四日

文別：艷電

件數：一

送達機關：兵工署署長俞

事由：為本處駐漢辦事處主任陸君和另有任務，已予調處，遺缺派技術員趙達接充……

中華民國二十六年

收文 十一月廿一日下午

發文 砲技（六）字第二一二六號

檔案 類 項 卷 號

159-1

武昌漢陽兵工廠轉四署長俞、楊主任、車處長、駐漢辦事處主

任潘居和、劉有近務（覃非兩主任）予調度、遺缺已派技術員趙達光（楊光）、陳昂

文兩相兼依　員　監盤並代監鎔製日期辦理移交外，謹先電陳鑒

陽由寧建花〇（2614）

115

兵工署炮兵技术研究处自成立日起至一九三七年底工作概况表附预计各厂出品日期表（一九三七年）

用十行纸行书照抄一份

曹善□

存卷

26.3.8

0007

軍政部兵工署砲兵技術研究處自成立日起至二十六年度工作概况表附預計各廠出品日期表

軍政部兵工署砲兵技術研究處自成立日起至廿六年底止工作概況表

項目	已办工作	預算廿六年度工作
甲、籌備工作		
(一)成立籌備處		
1.開始办公	於廿五年四月一日開始办公並呈部備案	
2.擬訂編制預算	廿五年四月擬就於六月十九日奉准	
3.委用人員	委用人員五十人調用人員十六人聘用外籍人員四人	
(二)征收廠基		
1.第一次征收地畝	征收湖南株洲董家塅土地四六二七·二九三畝，於廿五年十月办畢發放地價及立標手續	
2.航空測量	廿五年十二月測量完竣在製圖中	預計在廿六年一月中完成製圖工作

971

3. 第二次續征地畝	續征七七〇·一九六畝為建造職工宿舍之用 已於廿五年十一月測繪完畢	預計在廿六年四月初可辦完 發放地價及立標手續
4. 征收樹木及保養	已圈定地址出示禁止砍伐并著手收買 編號登記	預計在廿六年四月底辦畢
5. 預備續征地畝	已函兵工署製造司備案并請轉知湘潭縣禁止賣買擬征土地	
(三) 組織駐株辦事處	已於廿五年九月一日正式成立並呈部備案	
(四) 組織駐漢辦事處	已於廿五年十二月一日正式成立並呈部備案	
乙、交通設備		
(一) 鐵路	自五里墩至董家塅支線約三公里已於廿五年十二月中完成路基工程着手敷軌	預計在廿六年一月中完成
(二) 公路	自株洲湘江口邊至董家塅綫約五公里已測竣並繪製圖表 交由湘省建設廳辦理	預計在廿六年二月底完成
(三) 電信		
1. 無線電台	電台機器人員組織均已完備	預計廿六年一月底通報

軍政部兵工署砲兵技術研究處

2、長途電話	正在裝設綫路及機器	預計廿六年二月底通話
3、電報	仝上	預計廿六年二月底通報
丙、警衛	已於廠基分處勘設柵門派兵守衛并已擬就警衛計劃	正式警衛事宜廿六年底可以辦妥
丁、土木工程		
(一)土石方工程		
1、改河土石方工程	已於廿五年十一月中開工	預計廿六年三月底完工
2、廠基平土工程	已於廿五年十二月中開工	仝上
(二)鑿井工程	已先行開鑿試驗井隨後再鑿正式深井兩口	預計廿六年六月底完工
(三)廠房建築工程		
1、庫房		

101

a.材料庫	設計完竣在製圖中	預計廿六年一月間可完成製圖工作呈奉核准即行招標開工
b.油類庫	仝上	仝上
c.槍彈庫	設計完竣圖表齊備準備呈核中	呈奉核准即行招標開工
d.砲彈庫	仝上	仝上
e.砲庫	設計完竣在製圖中	預計廿六年二月間可完成製圖工作呈奉核准即行招標開工
2.試驗所		
a.材料試驗所	設計完竣在製圖中	預計廿六年三月間可完成製圖工作呈奉核准即行招標開工
b.彈藥試驗所	仝上	仝上
c.陳列室	仝上	仝上
d.射擊試驗所	仝上	仝上

軍政部兵工署砲兵技術研究處

3、槍彈廠		
a、銅殼所	設計繪圖完竣已將圖表呈報	俟呈核奉准即行招標開工
b、彈頭所	仝上	仝上
c、裝箱所	仝上	仝上
d、校量所	仝上	仝上
e、烘洗所	仝上	仝上
f、輥光所	仝上	仝上
g、檢驗所	仝上	仝上
h、裝彈所	仝上	仝上
i、火工作業所	設計完竣圖表齊全準備呈報中	仝上

117

4、砲廠		
a、機作所	在設計中	預計廿六年三月間設計完竣五月間繪圖完竣俟呈奉核准即行招標開工
b、油漆所	仝上	仝上
5、砲彈廠		預計廿六年底設計繪圖完竣
6、機器廠		
a、電氣熔銅所	設計完竣圖表齊備已將圖表呈報	俟奉准即行招標開工
b、軋銅所	仝上	仝上
c、坩鍋熔銅所	仝上	仝上
d、烘銅所	仝上	仝上
e、精製所	設計完竣在製圖中	預計廿六年四月間可完成製圖工作俟呈奉核准即行招標開工

軍政部兵工署砲兵技術研究處

012

f. 機工所	仝上	仝上
g. 鉋工所	仝上	仝上
h. 木工所	仝上	仝上
i. 鑄工所	仝上	仝上
j. 淬煉所	仝上	仝上
7. 動力廠		
a. 發電所		預計廿六年三月間西設計繪圖完後呈奉核准即行招標開工
b. 給水所		仝上
c. 涼水塔		仝上
8. 辦公廳	在設計中	預計廿六年五月間設計完竣七月間繪圖完竣

127

a.總辦公廳	在設計中	預計廿八年五月間設計完竣，七月間繪圖完竣呈奉核准即行招標開工
b.技術處	仝上	仝上
c.製造處	仝上	仝上
9.医院		
a.医院	設計完竣圖表齊備准備呈报中	俟呈奉核准即行招標開工
b.特别病房	仝上	仝上
c.普通病房	仝上	仝上
d.隔離病房及太平间	仝上	仝上
10.職員住宅及宿舍		
a.甲種職員住宅	設計完竣圖表齊備准備呈报中	俟呈奉核准即行招標開工

軍政部兵工署砲兵技術研究處

093

b. 乙種職員住宅	仝上	仝上
c. 丙種職員住宅	仝上	仝上
d. 丁種職員住宅	仝上	仝上
e. 職員宿舍	仝上	仝上
f. 職員食堂	仝上	仝上
11. 工人住宅及宿舍		
a. 工人住宅	仝上	仝上
b. 甲種工人宿舍	仝上	仝上
c. 乙種工人宿舍	仝上	仝上
d. 工人廁所浴室	仝上	仝上

137

e、工人食堂	仝上	仝上
12、公用事業		
a、合作社	仝上	仝上
b、車輛庫	仝上	仝上
13、營房	在設計中	預計廿六年五月間設計完竣七月間繪圖完竣俟呈奉核准即行招標開工
14、學校	仝上	仝上

軍政部兵工署砲兵技術研究處

戊 各廠機器設備

(一) 動力廠		
(1) 設計工作	已于廿七年九月间完成	
(2) 訂購機器	已於廿七年九月間與天利洋行簽訂合同	
(3) 驗收機器	已派員在瑞廠驗收	
(4) 機器運華		鍋炉部分约廿八年七月间到華 發電机部分约廿八年八月底到華
(5) 裝置工作		机件運到後即可着手裝設預計本年年底可以完成發電
(二) 炮廠		
(1) 接收漢陽砲廠	廿七年十一月一日接收	整理内部各項工作
(2) 修炮工作	廿七年十二月修竣三十门	繼續修理

14-1

(3)修理沪漢兩廠舊机	廿五年度修竣五十部	本年度继续修理
(4)造造沪造山砲（仿设）	正在試驗中	本年六月底試驗可以完成
(5)設計新炮	七公分五榴彈砲七公分五野战砲已於廿五年十二月底設計完成	
(6)試製新炮		試造新砲材料約於二十六年三月間運華即可在漢陽着手試造預計十月間新砲可以試造成功
(7)添購機器	二十五年一月間應添購重要各机器已交商由零購办二十五年十月間開始陸續運華其餘在陸續訂購中	二十六年七月間可以全部運到
(8)装置機器		俟株州廠房落成後所有漢砲廠舊机連全添置新机一併運株安装
(三)槍彈廠		
(1)整理机件	修配沪廠舊存機件加以擴充預計每日工作八小时出槍彈十五萬發	商同兵工廠繼續接洽將沪廠全部存机件移交本處
(2)訂購新機	一部分于廿五年十月間與德國普尔泰廠訂妥合同一部分于廿五年十一月間與上海机器廠訂妥合同	
(3)新机交貨		普尔泰机器本年九月間可以交貨上海机器廠第一批本年三月間第二批本年五月間第三批本年七月間第四批本年九月間第五批本年十一月間可以交貨

軍政部兵工署砲兵技術研究處

015

(4)裝置機器		本年九月間即可着手裝置
(四)二公分炮彈廠		
(1)訂購機器	廿三年十一月間由兵工署委托商号處訂購每日可出炮彈三千發	
(2)派員驗收		本處將于二月中旬派員赴德主持驗收并研究製造工作約于本年底可以回國
(3)裝置机器		本年十月底机器一部份開始運華全部約在廿七年三月由德起運〃到後開始安裝工作
(五)機器廠		
(1)設計工作	熔銅所設計已完成電炉在選購中	本年內可以完成全部設計工作
(2)訂購机器	槍彈廠工具製造機器已于廿五年十二月間訂妥合同	鑄工所木工所鍛工所淬煉所等机件尚待選購
(3)裝置工作		鑄工所木工所鍛工所淬煉所精製所工具製造所等六所本年內可以裝置完成
(六)材料試驗所		

157

(1)設計工作	已完竣	
(2)訂購机器	正在選購中	本年內可以裝竣
(七)彈药試驗所		
(1)設計工作	正在設計中	
(2)裝置机器		本年底可以完成

軍政部兵工署砲兵技術研究處

008

預計各廠出品日期表

廠別	出品日期	備攷
槍彈廠	二十七年四月 七月	製造開始時每日以八小時工作計可造步彈六萬發 配備完全時每日以八小時工作計可造步彈十五萬發
砲彈廠	二十七年九月 十二月	製造開始時每日以八小時工作計可造三公分砲彈一千發 配備完全時每日以八小時工作計可造三公分砲彈三千發
砲廠	二十六年十月 二十七年七月	試造新砲四門可以完工 試驗合用後每月可造十公分榴彈砲四門

兵工署炮兵技术研究处关于委任马运复为驻辰溪办事处主任致该员的训令（一九三八年一月二十四日）

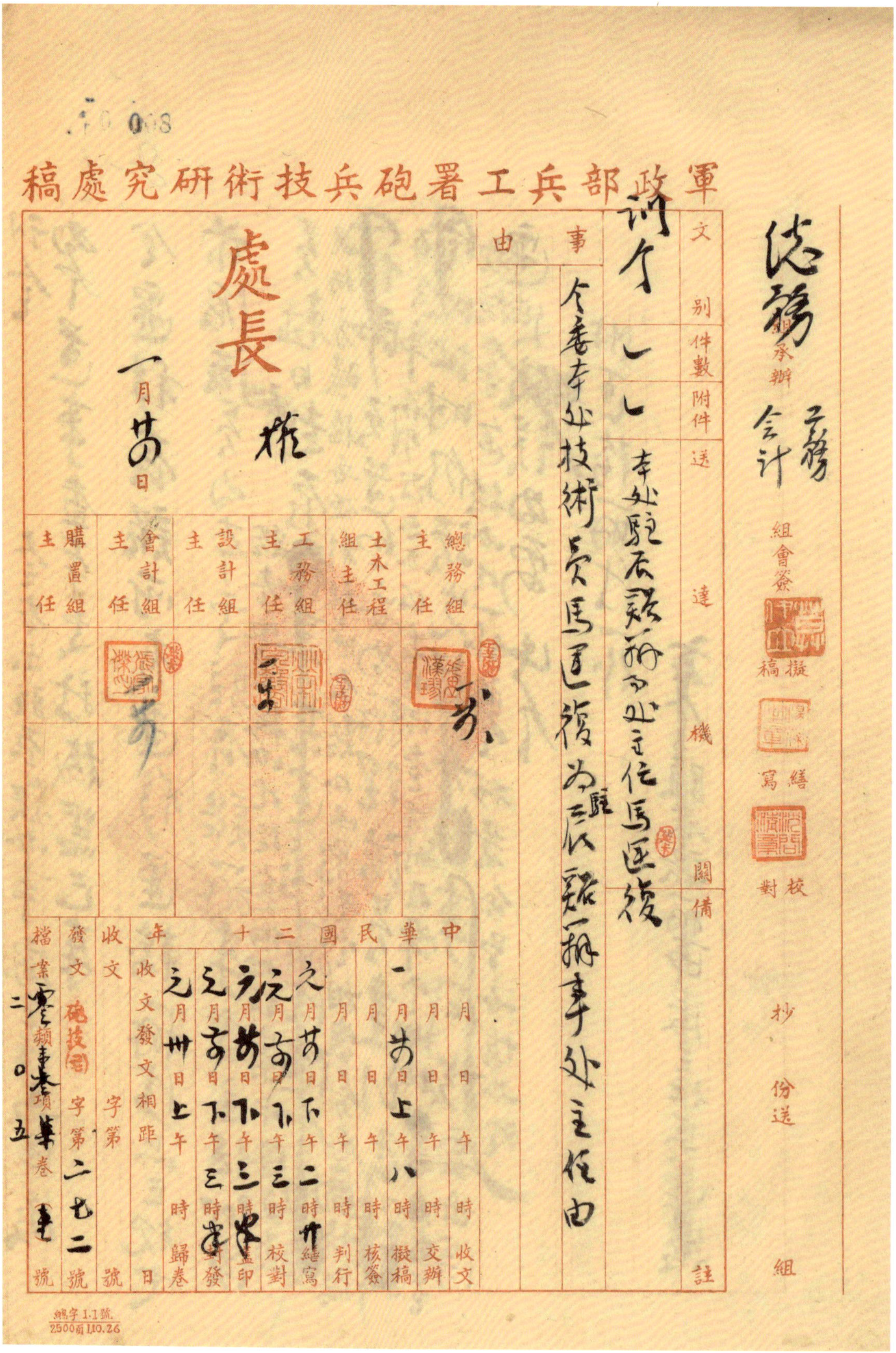

軍政部兵工署砲兵技術研究處稿

文別	訓令
件數	一
附件	
送達機關	本處駐辰谿辦事處主任馬運復
事由	令委本處技術員馬運復為駐辰谿辦事處主任由

處長 莊 一月廿四日

總務 承辦 會計 會簽 擬稿 繕寫 校對 抄 份送 組

收文		
交辦		
擬稿	一月廿四日上午八時	
核簽		
判行		
繕寫	元月廿五日下午二時	
校對	元月廿五日下午三時	
蓋印	元月廿五日下午三時	
封發	元月廿五日下午三時	
歸卷	元月廿八日上午	

中華民國二十七年

發文 砲技（司）字第二七二號

檔案 雲類事卷項第 卷 號

8-1

训令
令本处驻辰路办事处主任马廷俊
为令遵事。查本处交部截器已奉
令遵移辰路所有遵移运输一辦法，业已规定
并派该员为本处驻辰路办事处主任，仰该
员驰赴辰路，卷查运输办法，从速细心设察，求适安适
员到达辰路，将本处事务妥为一辦理，该员到达辰路
以后，方能稳妥便利，到达后，将办公地址、成立时日
及办公设备，相当部分，筹备妥贴，具报
存查。并将办公地址、时日，仍须先行具报，毋得
报核。本处遵办一切，随时呈核，务须妥慎办理
遵照，以资，毋误，切切。此令。

附原抄一册，计一份

本处驻辰路办事处主任马廷俊

俞大维为将枪弹厂全部机器及炮厂新机着即运渝致庄权的代电（一九三八年四月七日）

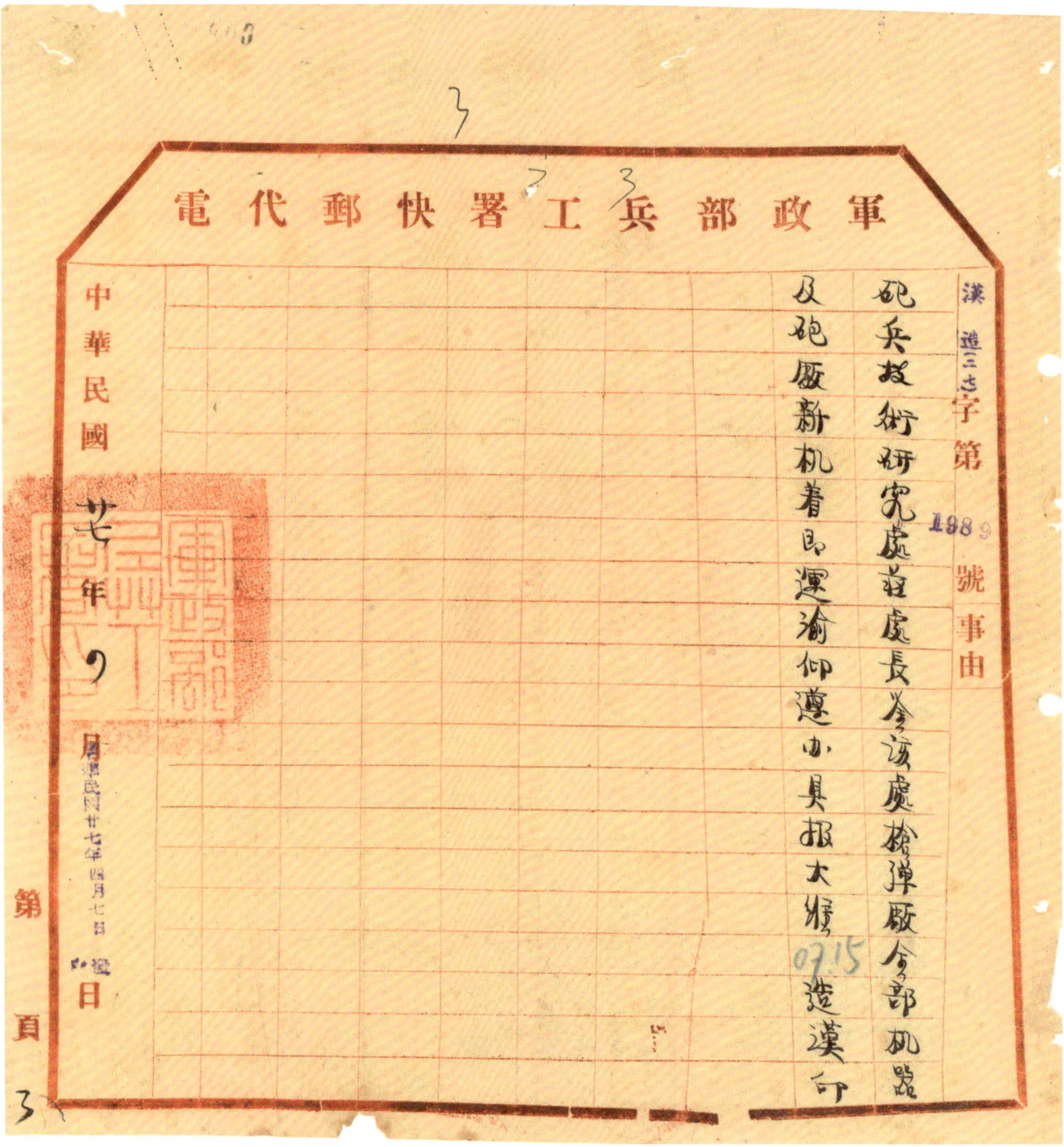

軍政部兵工署快郵代電

漢造（二七）字第1989號

事由

砲兵技術研究處莊處長鑒：該處槍彈廠全部機器及砲廠新机着即運渝，仰遵办具报。大维。造漢印

中華民國廿七年四月　日

中華民國廿七年四月七日

第　頁

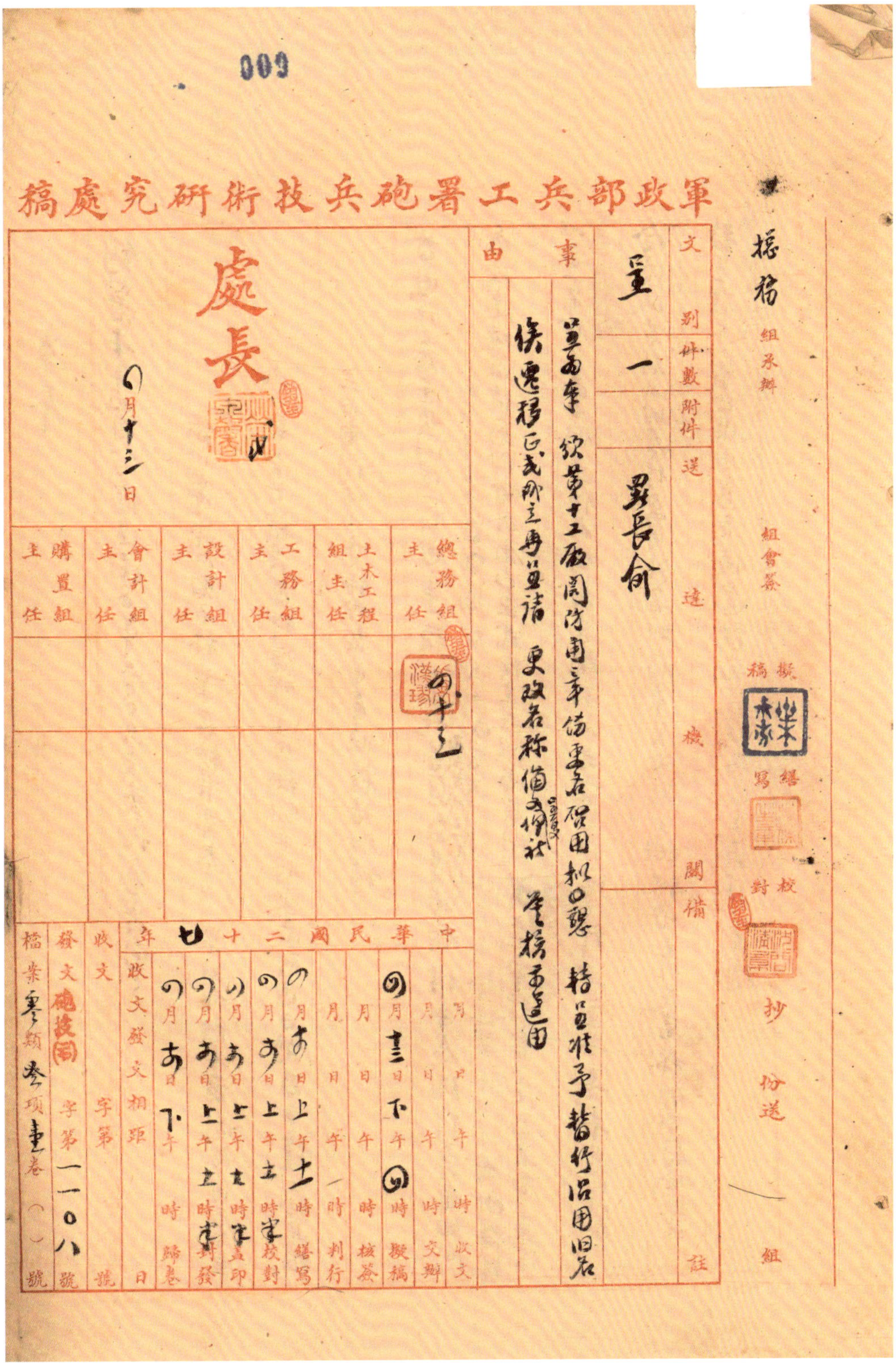

軍政部兵工署砲兵技術研究處稿

處長

四月十三日

總務組主任	土木工程組主任	工務組主任	設計組主任	會計組主任	購置組主任
四月十三					

文別：呈

件數：一

附件：

送達機關：署長俞

事由：呈為奉頒第十工廠關防由奉飭更名啟用擬懇轉呈准予暫行沿用舊名俟選擇正式成立之再呈請更改名稱備文呈祈鑒核示遵由

中華民國二十七年

收文	交辦	擬稿	核簽	判行	繕寫	校對	蓋印	封發	歸卷
月日午時	月日午時	四月十三日下午四時	月日午時	月日午時	四月十四日上午十時	四月十四日上午十一時半	四月十四日上午十一時半	四月十四日上午十一時半	四月十四日下午時

收文　字第　號

發文　砲技（司）字第一一〇八號

檔案　參類　參項　壹卷（一）號

擬稿　組承辦

組會簽

擬稿

繕寫

校對

抄　份送

組

兵工署炮兵技术研究处为请准予暂时沿用旧名待工厂正式成立后启用兵工署第十工厂关防致兵工署的呈（一九三八年四月十四日）

9-1

案奉

钧署本年四月八日汉造(三)字第二〇〇六号代电开：

"前以兵工署之各厂名称，业奉核准。兹奉 军政部利本质关防角质小章各一颗，合行检发原件，电仰遵照祗领，并将启用日期及印模二份具报。至旧有关防小章，并仰截角呈候核转缴销。"

等因，计发本质关防一颗，角章一颗。奉此，遵经敬谨祗领。惟本处现值筹备期间，各项建设尚待完成，将来本厂已正式成立，其似当有别。又查重行颁定厂名，原案係以每一有修正为十个单位，各按数字排列，以为一劳永逸之计，立意至善。本处比照奉令迁厂，若於此时遵行更用新名，则将来厂址所在地，似妨碍定名称，似不符合。拟恳

钧座准予暂行沿用旧名，俟迁移完竣，正式成立，再行呈请

010

更改名稱，俾昭覈實。是否有當？理合備文呈復，仰祈
鑒核，指令祗遵。謹呈
署長俞

全衛莊 ○

兵工署炮兵技术研究处为庄权赴欧处务由荣泉馨代理致驻汉办事处的训令（一九三八年四月二十三日）

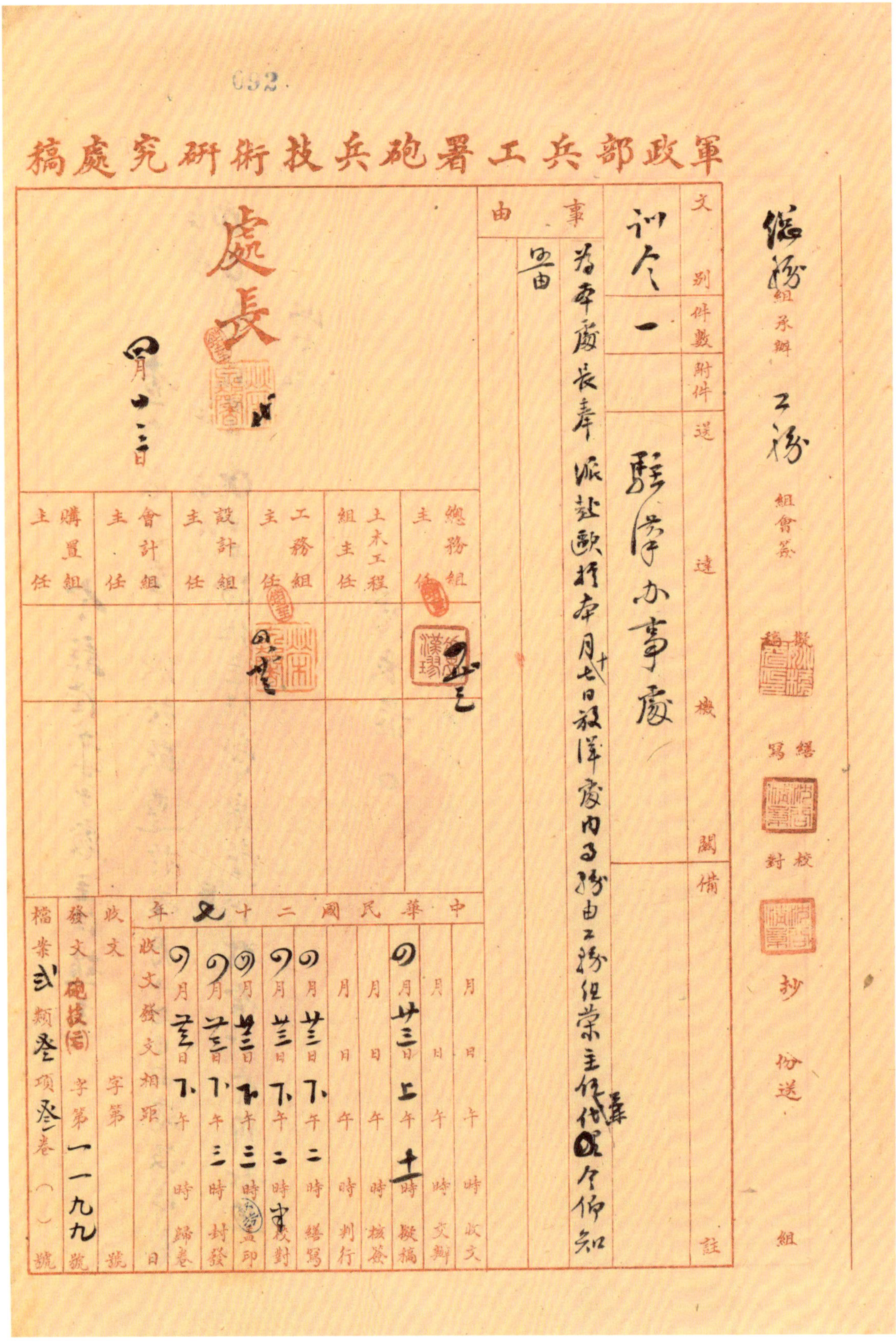

692

軍政部兵工署砲兵技術研究處稿

處長 四月廿三日

文別：訓令

件數：一

附件：

送達機關：駐漢辦事處

事由：為本處長奉派赴歐於本月十七日放洋處內事務由工務組榮主任代理令仰知

總務組承辦

工務組會簽

擬稿

繕寫

校對

抄 份送 組

總務組主任　土木工程組主任　工務組主任　設計組主任　會計組主任　購置組主任

中華民國二十七年

收文	交辦	擬稿	核簽	判行	繕寫	校對	蓋印	封發	歸卷
月日午時	月日午時	4月廿三日上午十時	月日午時	月日午時	4月廿三日下午二時	4月廿三日下午二時	4月廿三日下午三時	4月廿三日下午三時	月日午時

收文發文相距　日

收文　字第　號

發文 砲技(酉)字第一一九九號

檔案 貳類叁項叁卷（　）號

121

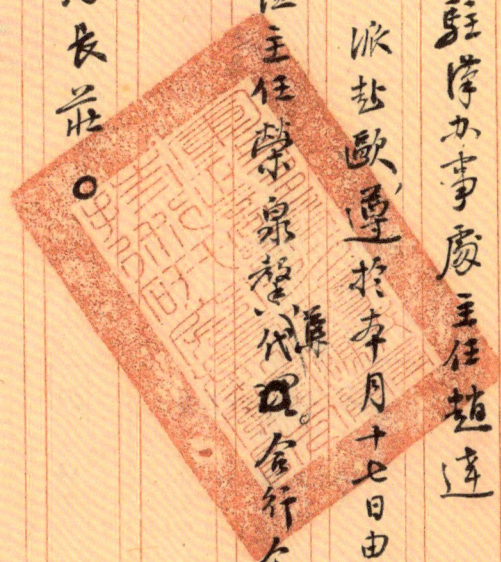

令駐滬辦事處主任趙達

查本處長奉 派赴歐，遵於本月十七日由港放洋。處長職務，經呈奉部令准由工務組主任榮泉暫代理。合行令仰知照！

此令。

處長莊○

97

兵工署炮兵技术研究处关于派王思濂为驻渝办事处主任赴重庆设处办公等事致兵工署的呈（一九三八年四月二十七日）

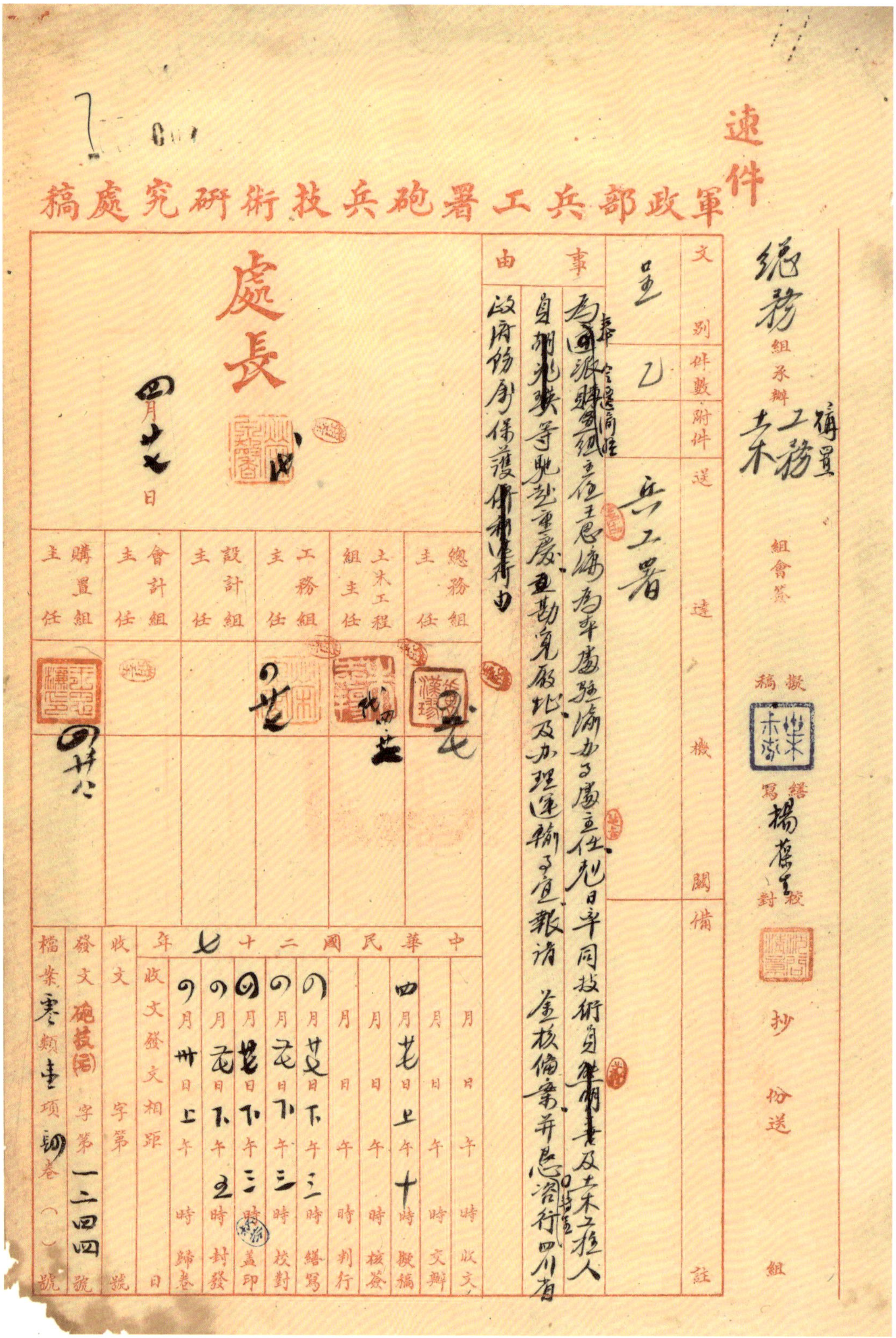

速件

軍政部兵工署砲兵技術研究處稿

文別：呈

件數：乙

送達機關：兵工署

事由：為遴派駐渝辦事處主任王思濂為本處駐渝辦事處主任，克日率同技術員……及土木工程人員胡光榮等兇赴重慶並勘覓廠址及辦理運輸事宜，報請 鑒核備案並懇咨行四川省政府飭屬保護俾利進行由

處長 四月廿七日

總務組主任　土木工程組主任　工務組主任　設計組主任　會計組主任　購置組主任

中華民國二十七年

發文：砲技（百）字第一二四四號

檔案：……

7-1

案奉

钧署03.15渠造渝字第一九八九号代电内开：

「该处枪弹厂全部机器，及炮厂新机，着即运渝，仍遵办具报。」

等因；奉此，自应遵办。兹经派本处稽查组主任王思濂为本处驻渝办事处主任，即日率同技术员[illegible]明、姜炯、张瑛等多人驰赴重庆，设处办公，[illegible]即勘觅厂地，筹建二公分炮弹厂及办理运输等事宜。除函请四川省政府及钧署驻重庆办事处随时予以指导协助外，理合备文呈报，恭仰祈

鉴核备案。并恳

转函咨行四川省政府饬属[illegible]重庆市政府[illegible]协助，并饬当地军警[illegible]予以保护，俾利进行，实为公便。谨呈

署长俞

兵工署炮兵技术研究处关于派王思濂为驻渝办事处主任并率同技术员及土木工程人员前往重庆办公致兵工署驻重庆办事处的公函（一九三八年四月二十七日）

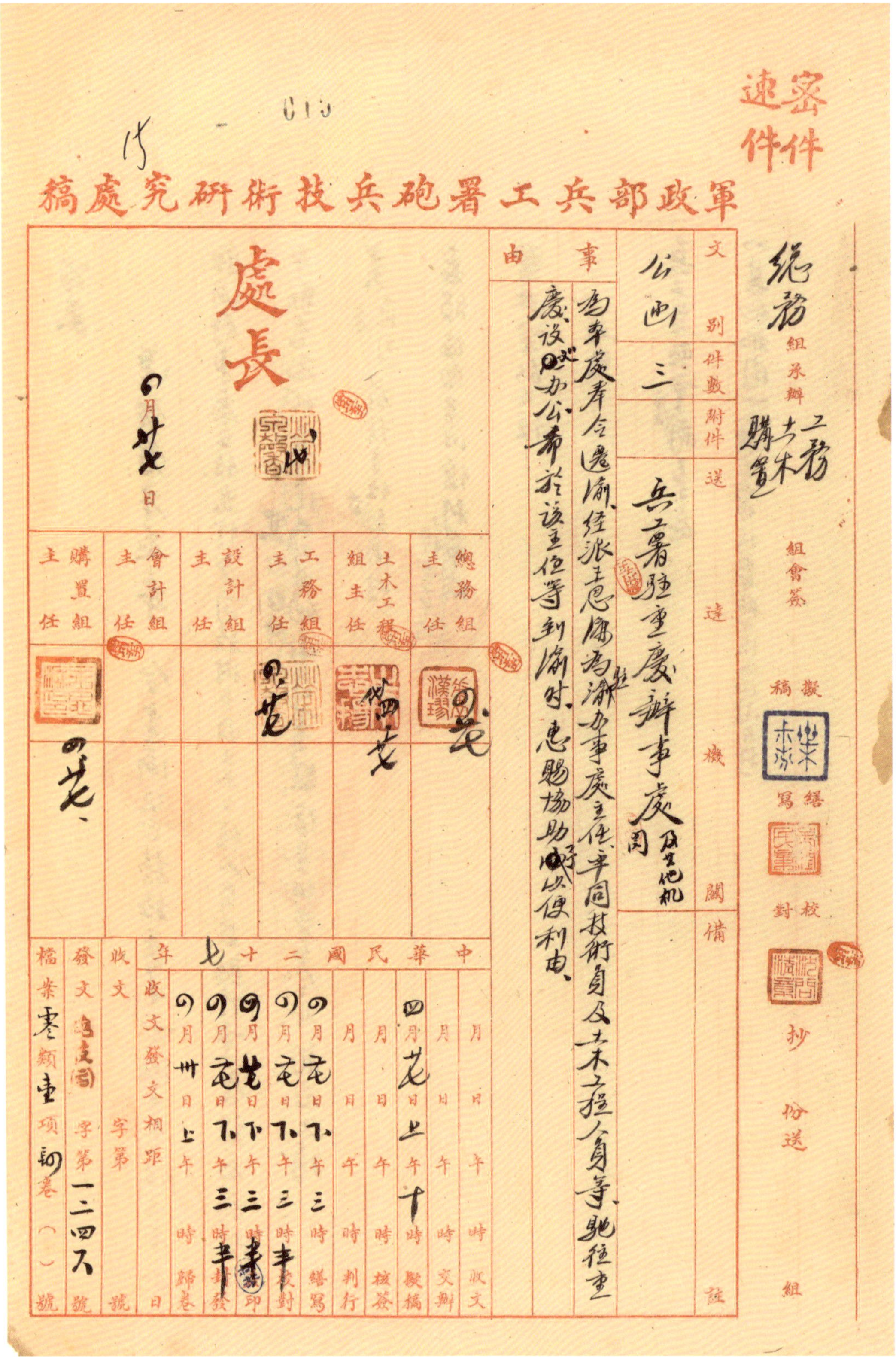

軍政部兵工署砲兵技術研究處稿

密 速件

文別：公函

件數：三

送達機關：兵工署駐重慶辦事處

事由：為奉處長令還渝，經派王思濂為渝辦事處主任，率同技術員及土木工程人員等馳往重慶設處辦公，希於該主任等到渝時惠賜協助，俾資便利由。

處長 四月廿七日

中華民國二十七年

公函

迳启者：本处奉　令迁渝，现正积极筹备。兹派王思廉为本处驻渝办事处主任，先行率同技术员及土木工程人员若干，驰往重庆，设处办公，提早勘觅厂址，筹建工厂暨砌建厂房等事宜。除呈报暨分令外，相应函请

贵处（机关）于该主任到渝时，惠予协助，予以便利，俾速事功。

为荷，实纫公谊！

此致。

兵工署驻重庆办事处

（其他机关）（按当两份使用时临时填入机关名称）

兵工署炮兵技术研究处驻渝办事处为报告驻渝办事处正式成立日期致兵工署炮兵技术研究处的呈（一九三八年六月二日）

渝字第五號 第一頁

案奉

鈞處砲技(二七)字第一三四三號訓令：飭即率同技術員熊明善等，馳赴重慶設處辦公，並勘覓廠址，籌建二公分砲彈廠；及辦理運輸事宜等因。奉經籌備就緒，覓定本市蒼坪街卅八號民房為辦公處所，並於本月一日正式成立。有綫電報掛號為明碼砲字。除勘覓廠址及運輸情形，隨時另文呈報外，理合將本處成立日期，備文呈請

鑒核備案！

軍政部砲兵技術研究處用箋

0793

渝字第五號第二頁

謹呈

代處長榮

砲兵技術研究處駐渝辦事處主任王思濂

二十七年六月二日

軍政部砲兵技術研究處用箋

66

兵工署炮兵技术研究处驻渝办事处为报送厂址界图及征地计划书致兵工署炮兵技术研究处的呈（一九三八年七月八日）

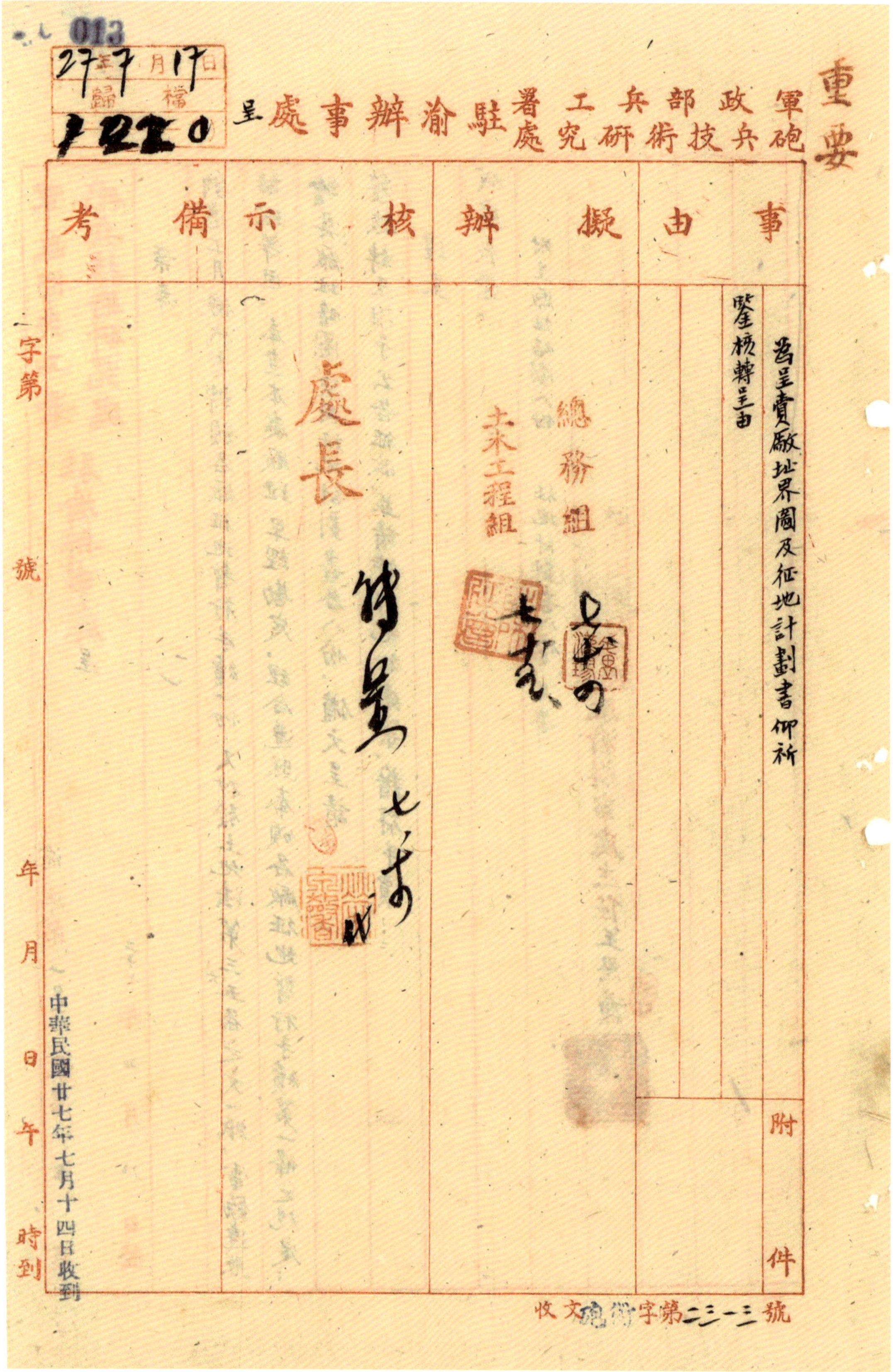
重要
軍政部兵工署駐渝辦事處 呈 軍政部兵工署砲兵技術研究處
事由：為呈賫廠址界圖及征地計劃書仰祈鑒核轉呈由
擬辦：總務組 土木工程組
核示：處長
附件
中華民國廿七年七月十四日收到
收文砲術字第一二三一號

135

渝字第一〇一號第全頁

二十七年七月八日發

軍政部兵工署
砲兵技術研究處駐渝辦事處呈

案奉
鈞處上月儉代電轉頒各廠征地暫行手續一份，又抄發土地法第三六五条之文一紙，電飭遵照
辦理等因。奉查本處廠址，早經勘定，理合遵照奉頒各廠征地暫行手續第一條之規定，
繪具廠址略圖，連同征地計劃書各八份，備文呈請
鑒核轉呈准予公告征收，並請特許先行建築，藉符手續！
謹呈
代處長榮
附呈廠址略圖八份　征地計劃書八份　另寄
軍政部兵工署
砲兵技術研究處駐渝辦事處主任王思濂

附一：军政部兵工署炮兵技术研究处征地计划书

軍政部兵工署砲兵技術研究處征地計劃書 二七年六月 日

本處奉 令遷渝籌設砲彈廠，即經派員赴重慶附近勘覓廠址，最後勘定江北縣屬忠恕沱（又名空水沱）一處，尚稱適用。茲謹將該地地勢及征收辦法等項，分呈如左：

一、位置　忠恕沱（又名空水沱）位於嘉陵江北岸，屬四川江北縣管轄，離重慶市約十二公里，南岸為巴縣化龍橋鎮。

二、地勢　本處勘定廠址，東西北均以山嶺為界，南面以嘉陵江為界，界內有大小山沖二（小山沖五），地形迂迴曲折，林木茂盛，堪資掩蔽。

三、交通　陸路可由重慶沿公路直達化龍橋，乘船渡江，即達廠址。水路可由長江入嘉陵江，上溯約十四里直達碼頭。

14-1

四、水電供給　電力可由重慶電力公司供給。因恐離渝太遠，電力運送困難，故廠址與市區之距離為所限制。水源可取諸嘉陵江。

五、征地面積　廠址佔地約一千五百市畝，其中廠房佔地拾市畝，辦公室佔地一市畝，職工宿舍，住宅，食堂，醫院，營房及其他廠房房屋共佔地約拾市畝，餘地約壹千四百柒拾餘市畝。征用範圍所以較為廣大者：一因警衛關係，界綫必須位於山崖或高地；二因嘉陵江洪水位甚高，有一部份土地不能用以建築；三因預防空襲及火藥爆炸等類意外事件，房屋建築必須儘量疏散。

六、征地程序　征地範圍決定後，即着手測量，同

14-2

時縣政府與各業主協議地價。價格以軍用征地價格作底価，再参酌市価及目最近署原鍊鋼廠，中央廣播電台，與其他廠收地價格拟定。協議後再請縣政府召集評価委員會正式評価呈暨熟山地水地荒山等価與編地価之比例，恭遵 部頒征地須知第九條办理。目前即須使用之田畝房屋，即先行測丈，繪製分段圖，並依照土地法第三六五條後半段之規定呈請特許先行建築。同時依照征地須知第九條規定之數額，發給青苗及拆遷費全部，及協議地價百分之四十，餘數俟地価核准後補發之。

附二：厂址略图

兵工署炮兵技术研究处董家堰留守处为留守处已正式成立并启用条戳及图记致兵工署炮兵技术研究处的呈

（一九三八年八月二十四日）

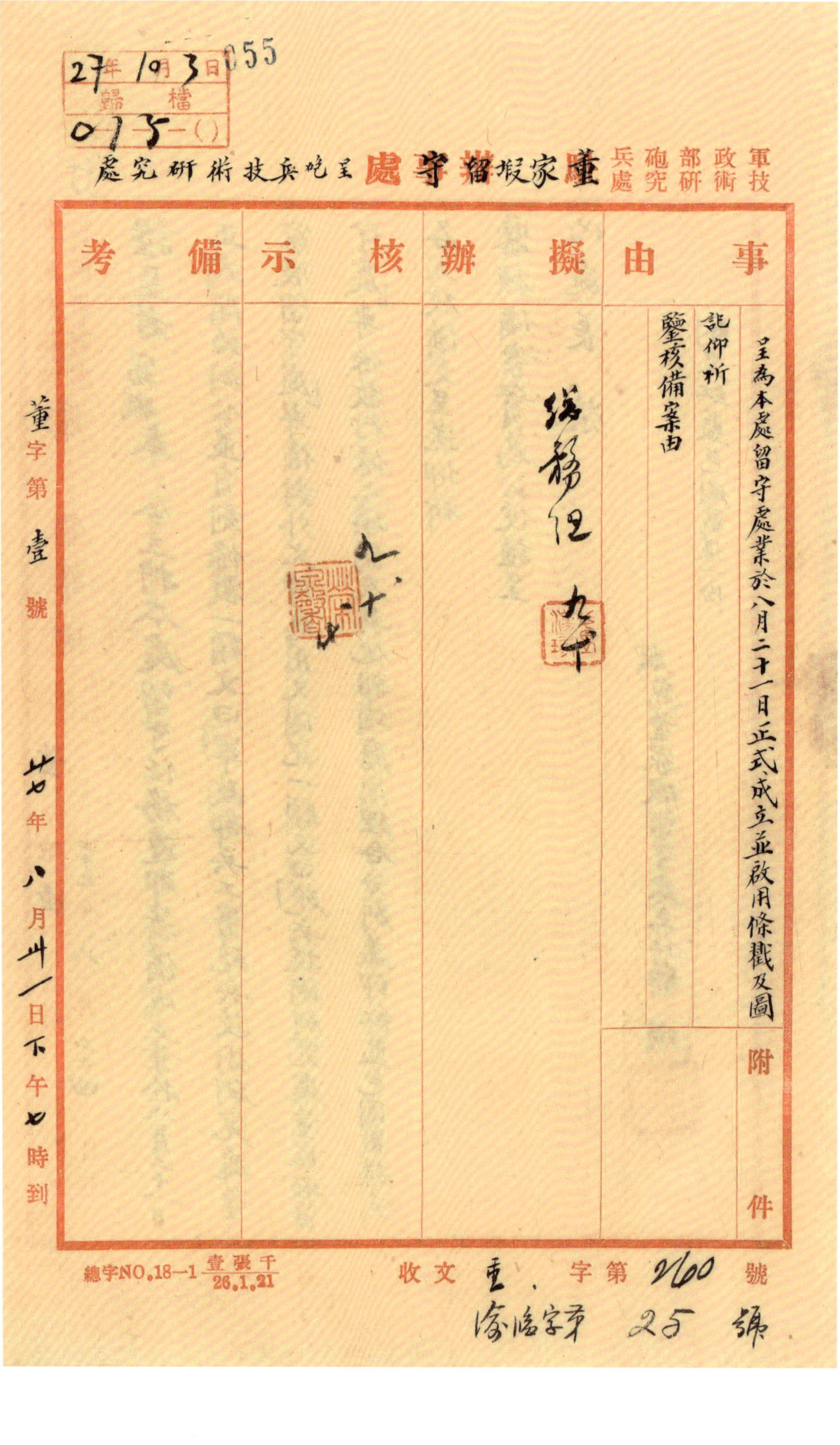

27年10月3日 歸檔 0175—() 055

呈炮兵技術研究處

董家堰留守處

軍政部砲兵技術研究處

事由	擬辦	核示	備考
呈為本處留守處業於八月二十一日正式成立並啟用條戳及圖記仰祈鑒核備案由	九、廿	九、廿	

附件

董字第壹號

廿七年八月廿一日下午七時到

總字NO.18—1 壹千張 26.1.21

收文 重 字第 260 號

渝臨字第 25 號

55-1

軍政部砲兵技術研究處駐辦事處

董字第壹號第頁

二十七年八月二十四日發

謹呈者竊職奉令主持本處留守任務遵即籌備成立業於八月二十一日正式開始辦公並自刻條戳一顆文曰「軍政部兵工署砲兵技術研究處董家堰留守處」專係對外文件應用又圖記一顆文曰「砲兵技術研究處董家堰留守處」專係放行條之填寫及其他雜項應用理合分別蓋印紅藍色圖戳樣式各式粘備文呈送仰祈鑒核備案實為公便謹呈

代處長　榮

附呈紅藍色圖戳樣一份

職蕭董家堰留守處主任蔣璜

056

砲兵技術研究處董家塅留守處

砲兵技術研究處董家塅留守處

軍政部兵工署砲兵技術研究處董家塅留守處

軍政部兵工署砲兵技術研究處董家塅留守處

軍政部兵工署砲兵技術研究處便箋

兵工署炮兵技术研究处驻渝办事处为请准予结束并派员接收致兵工署炮兵技术研究处的呈（一九三八年九月九日）

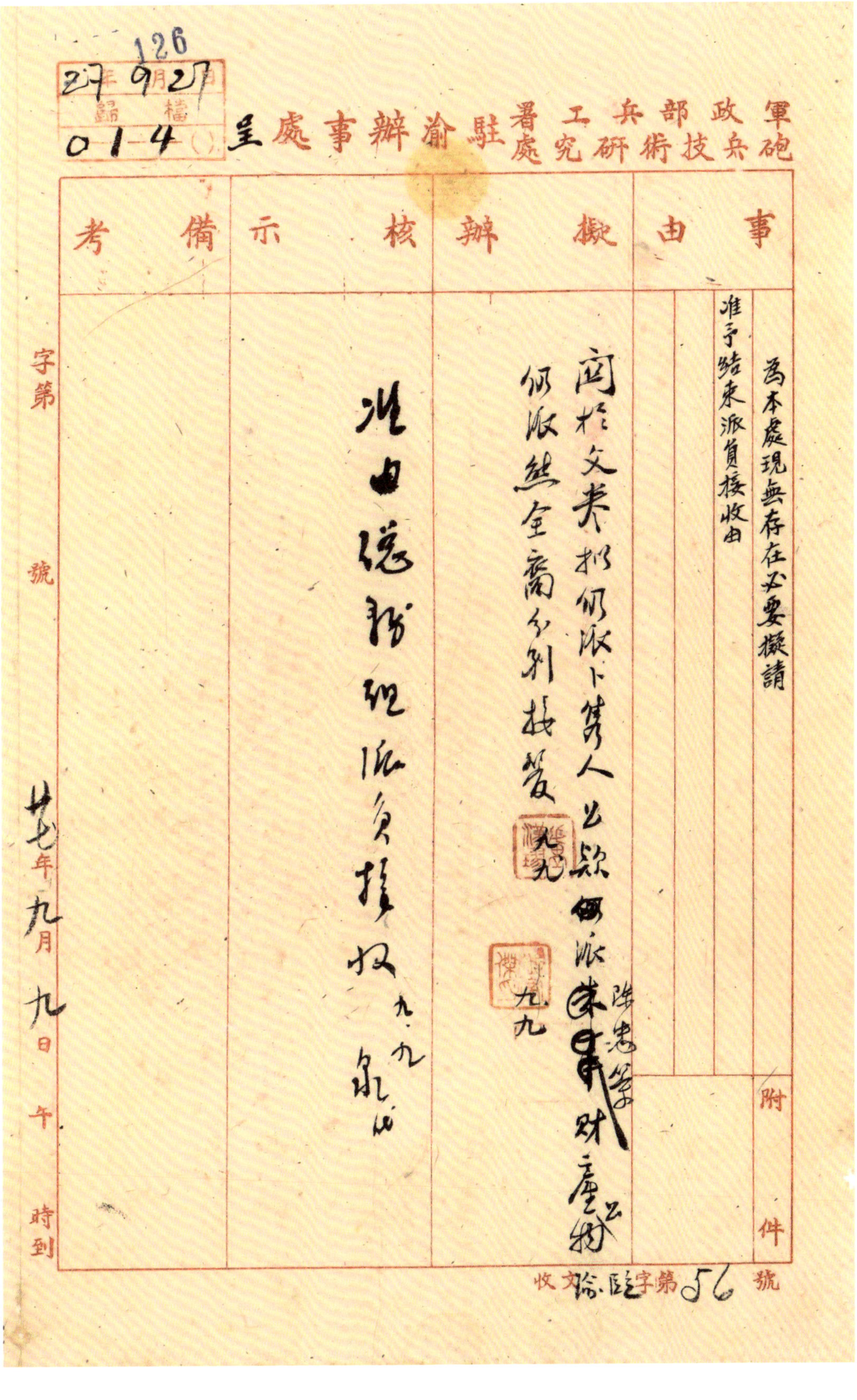

126

27年9月27日 歸檔 014（ ）

軍政部兵工署駐渝辦事處呈
砲兵技術研究處

事由	擬辦	核示	備考
為本處現無存在必要擬請准予結束派員接收由	關於文卷擬仍派卞等人，出欵仍派朱（陈志笙）財產出册，仍派然全需分別接發 九九 九九	准由總務組派員接收 九.九 泉	

收文 渝臨字第56號

廿七年九月九日午時到

1261

軍政部兵工署
砲兵技術研究處駐渝辦事處呈
渝字第二三六號第全頁
二七年九月九日發

竊查
鈞處現已全部遷渝，本處似無繼續存在必要，擬請
准予結束。除經飭屬將經管文卷、公款、財產、物品等項分别造册，準備移交外，
理合備文呈請
鑒核，派員接收！＝
謹呈
代處長蔡

軍政部兵工署
砲兵技術研究處駐渝辦事處主任王思濂

227

兵工署炮兵技术研究处为准予结束派员接收等事给驻渝办事处的指令（一九三八年九月十二日）

127

軍政部兵工署砲兵技術研究處稿

文别	指令
件數	一
附件	
送達機關	駐渝辦事處
事由	據呈該處准予結束派員接收等情令仰遵照由
備註	

處長 九月十二日

總務組主任 九十
會計組主任

總務組承辦
會計組會簽

擬稿
繕寫
校對

中華民國二十七年

月日	午時	收文
月日	午時	文辦
九月十日	上午十一時半	擬稿
月日	午時	核簽
月日	午時	判行
月日	午時	繕寫
月日	午時	校對
九月十二日	上午十一時半	蓋印
九月十二日	上午十二時	封發
九月廿日	午時	歸卷

收文發文相距 日

收文 字第 號
發文 渝 字第 40407 號
檔案 壹類 壹 項 90 卷（一） 號

廠衙指令

令兼駐渝辦事處主任王思廉

二十七年九月九日渝字第二三六號呈乙件爲本廠現尚存在西安，擬請派員結束，派員接收由

呈悉。派員結束。該主任着仍回本廠籌置組主任本職。所有前調該廠工作人員仍仰飭回原組服務。至該廠文卷及財產、物品、器材，派卜股員外的人、兼服務員全部分別接收保管。公款派陳代股長忠策接管。除分令外，合行令仰遵造冊呈送爲要！此令。

廠長 莊〇

22

兵工署炮兵技术研究处为该处迁渝及原设驻渝办事处结束致兵工署、重庆市政府等的呈、笺函（一九三八年九月十三日）

129

27　9　13

0-1-4（ ）

廿七年九月十三日發文渝字第二八二号　原文存乙三七二卷

呈：兵工署署長俞

函：重慶市政府等十机關

訓令：漢口通運輸組　暨本處駐漢辦事處抄件

事由：為本處全部遷渝於本月十二日在重慶磁器街三十八號開始辦公，原設駐渝辦事處即於同日結束，呈請鑒核備案　函達查照　令仰知照由

呈文

查本處奉令移渝，業將啟程日期電呈在案。現全部職員已分別抵達重慶，定本月十二日在重慶磁器街三十八號開始辦公，原設駐渝辦事處即於同日結束。除分別函令外，理合呈報

鈞署鑒核備案。謹呈

230

1141

署長俞

全銜莊○

鈞鑒

查本處前為便利推進工作起見經在渝成立駐渝办事處所有關於办公事宜均由該處函達在案茲本處已全遷來渝定本月十二日在重慶蒼坪街卅六号開始办公原設駐渝办事處即於同日結束除呈報暨分别函令外相應函達即希

查照為荷此致

重慶市政府

軍政部兵工署砲兵技術研究處

231

江北縣政府
兵工署駐宜昌、重慶辦事處
大陸華行
光學器材籌備處
漢廠遷渝辦事處
重慶警備司令部
第二十、廿一、廿三、廿四、廿五、三十工廠
重慶電力公司

訓令

處長啓

駐渝辦事處 駐宜運輸組
郭家壩留守處

232

兵工署炮兵技术研究处汉阳炮厂为报告第一、二、三分厂成立经过及修造工作分配计划概要并造送第一、二、三分厂工作分配表致兵工署炮兵技术研究处的呈（一九三八年九月三十日）

026

年 月 日
歸檔
一一一（）

駐渝辦事處呈文抄件　廿七年十月九日收文砲術字第二九一七号
原文存「二三一四」卷（原文字号桃砲字第二七〇号）

事由：呈述第一、二、三分廠成立經過情形及目前修造工作分配計劃概要並造送第一、二、三分廠臨時組織及工作人員姓名職務分配表祈示遵由

案奉

鈞處二十七年九月十三日渝字第二五八号指令為「據請派沈莘耕等三員為第一、二、三分廠主管員一案，指令知照由」一件，除原文有案邀免冗叙外，尾開：「仰將各分廠修造分配計劃及臨時組織編制，並工作人員之姓名、職務呈報到處，以憑再行核辦。此令。」等因，奉此，遵將

鈞處遷渝陳明：

261

查本廠於本年六月間奉　准遷移湘西，以常德地處要衝，實為轉運樞紐，當於常德設立滇陽砲廠駐常辦事處，旋以由滇運出機料總計三千餘噸，交通運輸實感不易，勢非相當時日，不克完成其功，而修砲工作又未容中斷日久，是以將駐常辦事處即就民生工廠內改設本廠常德分廠（即本第二分廠），派技術員咸儒義為主管員，籌備設廠，安裝機器，開工修砲，繼以咸技術員派赴香港，採辦材料，遂由江技術員元方接充主管員，於八月一日正式開工，此為本第二分廠成立之大略經過情形。

本年七月間奉楊陳二司長諭，飭即在衡陽東陽渡籌設修砲分廠，並因之即據由滇分配一部分機件，並派沈技術員芷耕率同員工一批，馳往東陽渡中央修械所由籌組本廠第一分廠，即以沈芷耕

軍政部兵工署砲兵技術研究處

为主管员。最近据报已开始拆砲，所有机船亦已到齐，起卸机件，即将告竣，距正式开工之期已不在远。此为本三个厂成立之大略经过情形。

本厂迁移湘西计划，原定移设沅陵，嗣以派员李冰心等考察结果，该地不但无相当隐蔽地址可供建厂之用，而交通运输尤艰险异常。遂于本年七月间决定将厂址移设桃源。惟彼时厂本部人员一部尚留驻常办公，一部则已出发在途，距全体到达尚须时日，为卸存机件及筹设建新厂工程便利起见，自于桃源游仙观地方勘定厂址后，先行成立本三个厂，即派李技术员冰心为主管员负责办理一切。迨本厂人员相继莅止，当于本月五日将厂本部迁至游仙观继续办公，同时即将本三个厂撤销，所有人员归併本厂服务。此为本三个厂成立之大略经

27-1

過去情形

現除第三分廠已奉撤銷外，其第一、二兩分廠修造分配計劃，謹擬定

工作方針如左：

一、第一分廠修造新式及急用砲械，與各隊部便以運至衡陽送修之砲械。

二、第二分廠修理庫存而不急用砲械，及各隊部便以運至常德送修之砲械。

質言之，則常德第二分廠係因遷移轉進當中，為免使修砲工作間斷計，作過渡時期之修砲工廠，一俟遊仙觀廠房建造完成，即擬從速遷移歸併。惟第一分廠係奉命設立，日後如何興革，似須視時局需要為轉移。

以上所陳，實為兩分廠目前修造工作分配計劃概要及日後存廢之步驟。

奉令前因，理合造具第一、二、三分廠臨時組織及工作人員姓名職務

分配表備文呈請

鑒核，伏乞

加委沈華耕、江元方等為本八分廠主管員，並將前本三分廠主管員

李永心一員補給委令，俾得轉給祗領，以昭鄭重。為祈

指令祗遵，實為公便。

謹呈

代處長莊權

計呈工作分配表一份（略）

軍政部兵工署砲兵技術研究處濮陽砲廠主任趙達

中華民國二十七年九月三十日

兵工署炮兵技术研究处为补报炮弹厂征地计划书及评价会议录并请先行拨发部分款项致兵工署的呈
（一九三八年十月二十九日）

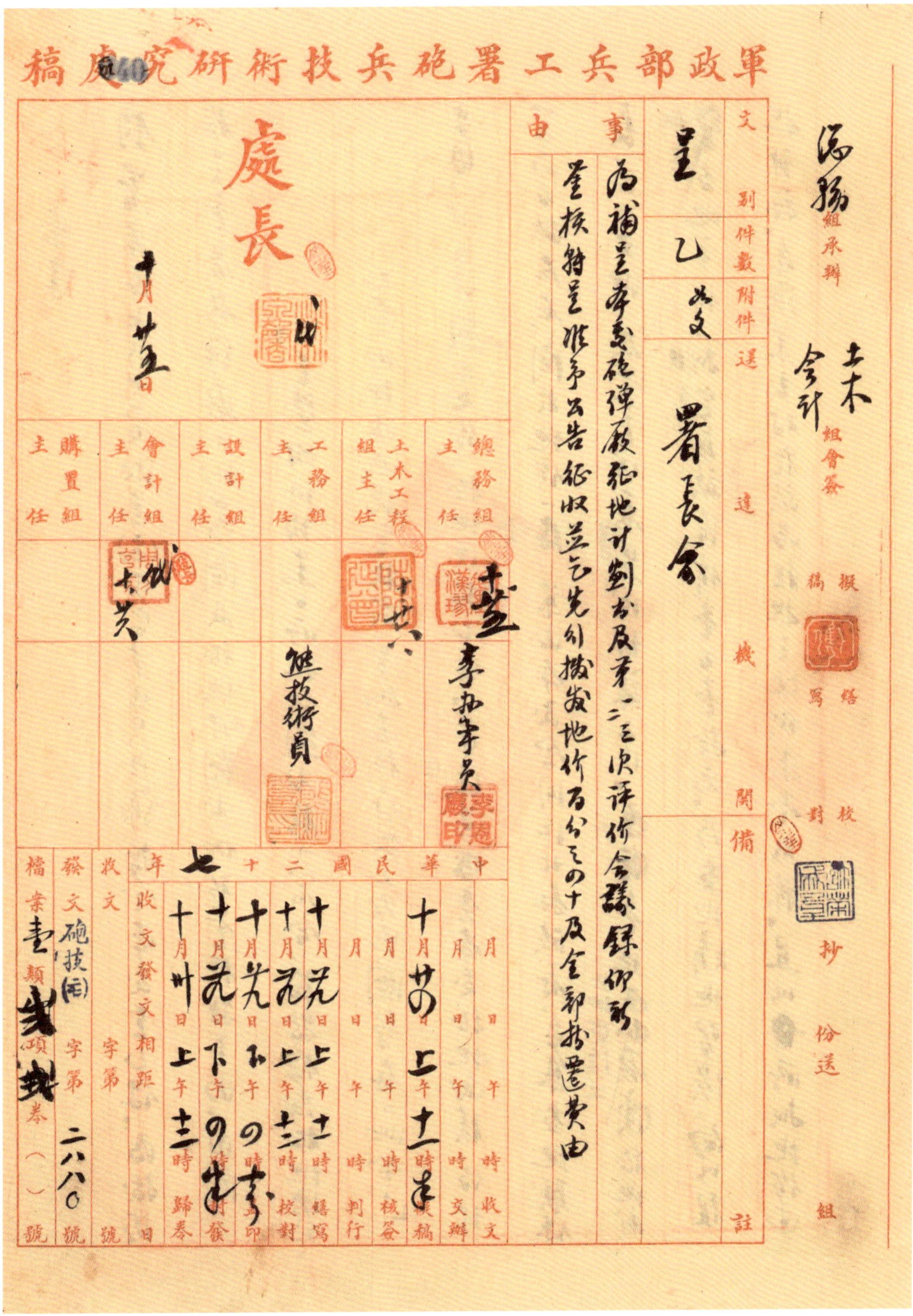
軍政部兵工署砲兵技術研究處稿

文別：呈

件數：乙份　附件

送達機關：署長俞

事由：為補呈本處砲彈廠征地計劃書及第一二三次評價會議錄仰祈鑒核轉呈准予公告征收並乞先行撥發地價百分之四十及全部搬遷費由

處長

十月廿九日

發文　砲技（甲）字第二八八〇號

中華民國二十七年

40

案奉

钧署本年七月廿六日渝造（宝）丙字第五〇八五号指令本处呈乙件，为拟具检呈重庆砲弹厂厂地界图及征地计划书，仰祈鉴核转呈由。内开：

“呈暨附件均悉。所拟计划书格式不合，兹制发征地须知乙本，仰即按照规定格式，另拟呈核。计划书发还，图暂存。此令。”

等因，附发计划书七份、征地须知乙本。奉此。遵即查本处征地面积，约计一千四百亩左右。关于地价一项，业由本处会同江北县政府，召集当地联保长、公正士绅，及业主代表等，先后协议三次，并参照其他邻近之厂商征地成例及当地市价，拟初次每亩给价壹百壹拾元。乃当地购地习惯，向以租担计算。各该业主对于亩与租担之比例，未尽明瞭。且以所拟地价过

结，令该救济会承。查该县两次会同江北县政府切实晓谕，并将每亩地价，增至壹百贰拾元，土、荒地、水塘按例折减，（第三次会议决定）。除征地略图前往赍呈，分户蓝图、分户清册及征地预算书等，容俟赶製完竣，另文呈送外，理合补具征地计划书七份，及第一二三次评价会议录抄件各叁份，备文呈请鉴核转呈，准予公告征收，并乞先行拨发地价百分之四十，及全部拆迁费，俾利进行，实为公便！！

谨呈

署长俞

附呈征地计划书七份　第一二三次评价会议录抄件各三份

全衔处长庄○

045

軍政部兵工署砲兵技術研究處徵收土地計劃書

重抄七份

徵收土地計劃書

查軍政部兵工署砲兵技術研究處因奉令由湖南株洲遷移四川重慶建設廠房須徵用土地理合根據土地法第三百五十四條，與土地法施行法第八十二條之規定，填具計劃書，并附送興辦事業之法令根據文件，及徵地圖二份，呈請

鑒核示遵。謹呈

行政院

計開

一、徵收土地原因

本處在湖南株洲砲彈廠機器，奉令遷川安裝，已擇定重慶江

北縣屬之忠恕沱地方，征收土地，建築廠房，安裝機器。

二、征收土地所在地範圍及面積

四川江北縣屬石馬鄉忠恕沱（又名空水沱）約一千四百餘市畝。

三、興辦事業之性質

製造二公分及三公分七砲彈。

四、興辦事業之法令根據

兵工署漢造（宅）字第二〇七三號訓令。

五、增帶征收或地段征收及其面積

無

六、土地定着物情形

水田、雜粮、山嶺及民房等。間有山房

七、土地使用之現狀及其使用人之姓名住所

已在建築廠房，使用人為砲兵技術研究處處長莊　權

八、四鄰接連土地之使用狀況及其定着物情形

農地、山嶺及民房等，南面臨嘉陵江。南前兩條同

九、土地區內有無名勝古蹟，并說明其現狀及沿革

無

十、曾否與土地所有權人經過協定手續及其經過情形

曾會同江北縣政府召集該地聯保主任、保甲長、士紳、及各

業主，開過三次評價會議，議定水田每畝壹百弍拾元、熟

471

土每畝陸拾元，水塘每畝陸拾元，荒山每畝叁拾元。

十一、土地所有權人戶姓名住所

「詳業主名戶清冊。」因為數甚多尚在調查

十二、被徵土地之使用配置

「另呈」建築未定

十三、興辦事業所擬工程設計大概

「另呈」事關軍事，設計大概茲不填列

十四、應需補償金額總數及其分配

約十三萬元，（地價十萬五千元，補償青苗樹株民房拆遷墳置等費）二萬五千元。

045

十五、準備金額總數及其分配

「建設經費概算共八十萬零五千一百二十五元，除基地購置及整理費

估十八萬七千元。」已充分準備，將來按照征地與建築情形分配

附送徵地略圖二份。興辦事業之法令根據文件乙件。

關防

需用土地人兵工署技術研究處處長莊權

大印

工務組主任榮泉馨代拆代行

砲兵技術研究處徵收土地計劃書與辦事業之法令根據文件

兵工署漢造(宏)字第二〇七三號訓令抄件

軍政部兵工署訓令　漢造(宏)字第二〇七三號

令砲兵技術研究處工務組主任榮日滋馨

查兼代砲兵技術研究處處長龔積成另有重要任務所有處長一職茲派該員兼代并籌備將製造二公分及三公分七砲彈機器西運川安裝除分令外合行令仰遵照办理具報

此令

中華民國二十七年四月十一日

署長俞大維

謹接民國廿五年十二月三日奉　兵工署造（區）丙字第十五五二三號訓令本處處長莊權籌備建設二公分砲彈廠即於株洲建築廠房着手籌備遵於本年二月處長莊權奉令赴歐公幹處長一職奉委楚積成兼代嗣楚代處長另有任務奉令改委本處工務組主任葉景鎣兼代處長職務合併證明

兵工署为汉阳炮厂第一分厂改名为桂林修炮厂直属炮兵技术研究处致该处的训令（一九三九年二月二日）

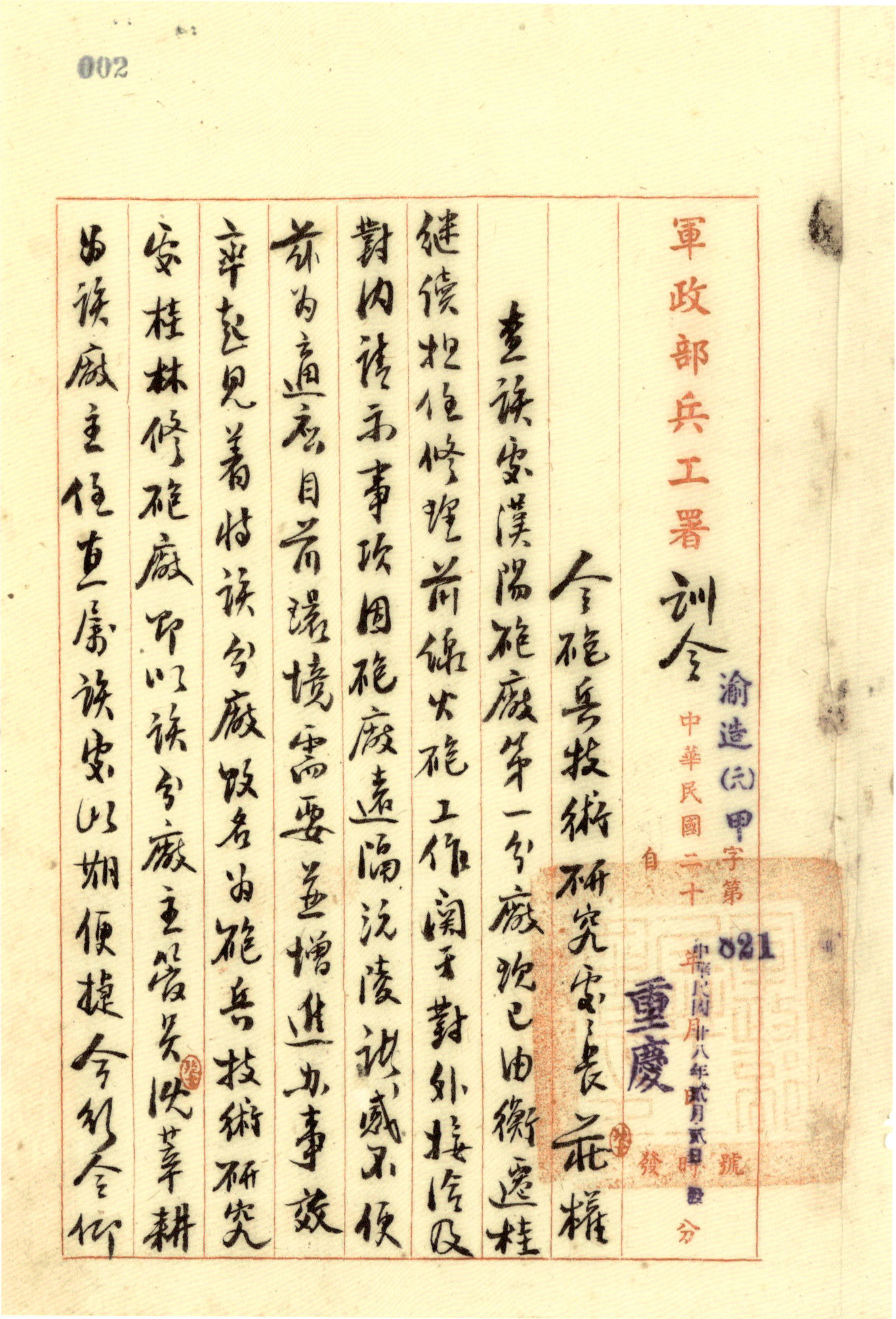
軍政部兵工署訓令　渝造(六)甲字第821號

中華民國二十自 中華民國廿八年貳月貳日發　重慶

令砲兵技術研究處處長莊權

查該處漢陽砲廠第一分廠現已由衡遷桂繼續擔任修理前線火砲工作，關於對外接洽及對內請示事項，因砲廠遠隔沅陵，諸感不便，亦為適應目前環境需要，並增進辦事效率起見，着將該分廠改名為砲兵技術研究處桂林修砲廠，即以該分廠主管吳洪華耕為該廠主任，直屬該處，以期便捷。合行令仰

遵即補辦手續並轉飭辦理具報此令

署長俞大維

兵工署炮兵技术研究处为汉阳炮厂第一分厂改名为桂林修炮厂并迅速拟定编制预算致汉阳炮厂、桂林修炮厂的训令（一九三九年二月九日）

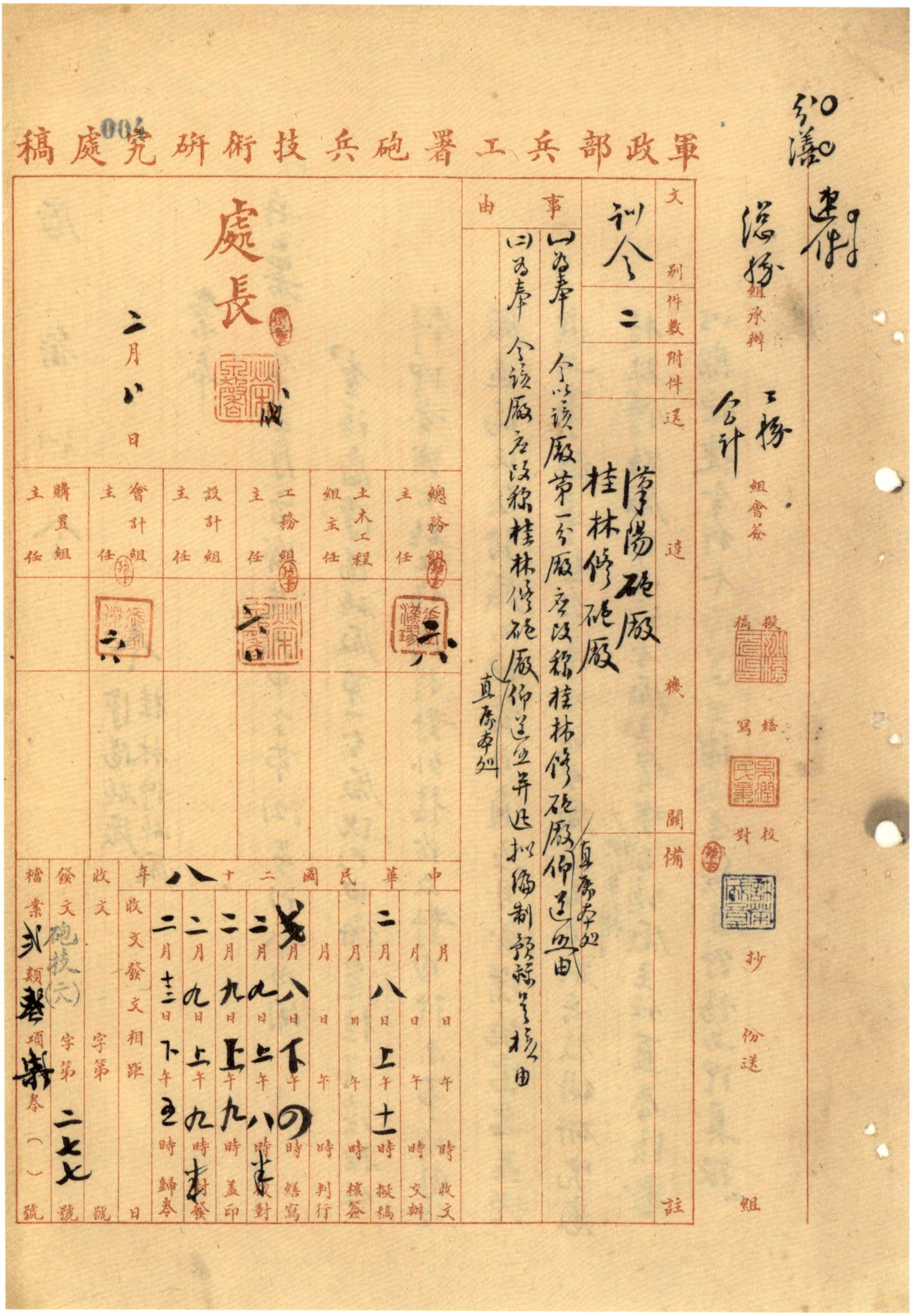

軍政部兵工署砲兵技術研究處稿

文別：訓令

件數：二

送達機關：漢陽砲廠　桂林修砲廠

事由：
（一）為奉令以該廠第一分廠應改稱桂林修砲廠仰遵照由
（二）為奉令該廠應改稱桂林修砲廠仰遵照並迅擬編制預算呈核由

直秀本处

處長　二月八日

總務組　會計組　工務組

中華民國二十八年

擬稿　二月八日上午十一時

繕寫　二月八日下午〇時

校對　二月九日上午八時

蓋印　二月九日上午九時

封發　二月九日上午九時

歸卷　二月十三日下午三時

發文　砲技（六）字第二七七號

廠銜训令

令 濬陽砲廠
　 桂林修砲廠

案奉

卅兵工署本年二月十日渝造(六)甲字第821號训令內開：

「查該廠濬陽砲廠第一分廠現已由衡遷桂繼續担任修理前線火砲工作，惟於對外接洽及對內請示事項，因砲廠遠隔沅陵，諸感不便，茲為適應目前環境需要並增進工作效率起見，着將該分廠改名為砲兵技術研究處桂林修砲廠，即以該分廠主管員為該廠主任，直屬該處，以期便捷。合行令仰遵照迅補辦手續，並轉飭辦理具報」

沈莘耕

005

等因。奉此，自应遵照办理！兹着桂林修炮该厂将本月十五日起改隶，所有该厂应行移交接收事项，仰于本月底办妥，会同造册具报。并仰该厂迅拟编制预算呈候核转。除分令并呈复外，令行令仰遵照办理具报为要！此令。

厂长庄〇

148

拟訂軍政部兵工署砲兵技術研究處桂林修砲廠編制草案

廿八年三月八日呈砲技(六)字第525號文轉呈 兵工署

職別	階級	薪額	名額	每月合計	備註
主任	薦任五級至三級	三一〇.〇〇	一	三一〇.〇〇	主持全廠一切事務
總課長	委任五級至二級 同少(中)校	一八〇.〇〇	一	一八〇.〇〇	綜理全廠總務事宜
課員	同上尉(少校)	一三五.〇〇	一	一三五.〇〇	掌理文書事宜
	同中(上)尉	八〇.〇〇	五	四〇〇.〇〇	分掌庶務、購置、出納、職工福利、及成品庫事宜
辦事員	同少(中)尉	六〇.〇〇	五	三〇〇.〇〇	
司書	同准(少)尉	四二.〇〇	三	一二六.〇〇	
公役	一等	二〇.〇〇	一	二〇.〇〇	
	二等	一六.〇〇	二	三二.〇〇	
	三等	一四.〇〇	四	五六.〇〇	
	四等	一二.〇〇	四	四八.〇〇	
	五等	一〇.五〇	四	四二.〇〇	
	六等	一〇.〇〇	四	四〇.〇〇	

149

醫師	委任五級至三級	一六〇〇〇	一	一六〇〇〇	
	委任八級至六級	一〇〇〇〇	一	一〇〇〇〇	
司藥	二等司藥佐 同中尉	六〇〇〇	一	六〇〇〇	
看護	雇用	三二〇〇	四	一二八〇〇	月各支薪二十元至三十二元
警衛隊長	少(中)尉	六〇〇〇	一	六〇〇〇	
務隊附	准(少)尉	四二〇〇	一	四二〇〇	
特務長	准尉	三三〇〇	一	三三〇〇	
軍需文書	上士	二〇〇〇	二	四〇〇〇	
號兵	上等兵	一三〇〇	一	一三〇〇	
傳達兵	上等兵	一三〇〇	二	二六〇〇	

軍政部兵工署砲兵技術研究處

班長	中（上）士	二〇	〇〇	三	六〇	〇〇	
副班長	下士	一四	〇〇	三	四二	〇〇	
列兵	上等兵	一二	〇〇	一二	一四四	〇〇	
	一等兵	一〇	五〇	一二	一二六	〇〇	
	二等兵	一〇	〇〇	一六	一六〇	〇〇	
炊事兵	一等兵	一〇	五〇	三	三一	五〇	
職工子弟學校校長	主任或總務課長兼						不另支薪
教務員	聘任	八〇	〇〇	一	八〇	〇〇	担任子弟學校事務及教務事宜
課教員	仝右	六〇	〇〇	四	二四〇	〇〇	月各支薪四十元至六十元
工課長	委任二級至薦任五級	二五〇	〇〇	一	二五〇	〇〇	綜理全廠工務事宜

151

	課員	委任八級至五級	一二〇.〇〇	三	三六〇.〇〇	分掌準備分配事務各宗事宜
務	務事員	委任十二級至十級	六〇.〇〇	六	三六〇.〇〇	助理以上各宗事宜
	技術員	委任三級至一級	二〇〇.〇〇	一	二〇〇.〇〇	協助課長指揮及監察各宗部事宜
		委任五級至三級	一六〇.〇〇	九	一四四〇.〇〇	分掌各製造部份之設計指導考工核料等事宜
課		委任十二級至六級	一〇〇.〇〇	九	九〇〇.〇〇	協助各製造部份之監工考核等事宜
會	課長	委任五級至二級	一八〇.〇〇	一	一八〇.〇〇	綜理全廠会計事宜
	課員	委任八級至五級	一二〇.〇〇	二	二四〇.〇〇	
計		委任九級至七級	九〇.〇〇	二	一八〇.〇〇	
		委任十二級至九級	七〇.〇〇	二	一四〇.〇〇	
課	務事員同中尉		六〇.〇〇	一	六〇.〇〇	

物料庫庫長	委任八級至五級	一二〇 〇〇	一	一二〇 〇〇
物料庫庫員	同少(中)尉	六〇 〇〇	三	一八〇 〇〇
物料庫庫丁	中士	一六 〇〇	二	三二 〇〇
	下士	四 〇〇	二	六 〇〇
合計	官佐		六三	七九二〇 五〇
	聘任及雇用人員		九	
	士兵		五六	
	公役及庫丁		三	

军政部兵工署炮兵技术研究处桂林修炮厂组织大纲草案（一九三九年三月）

142-1

軍政部兵工署砲兵技術研究處桂林修砲廠組織大綱草案 二十八年三月

第一條 本廠定名為桂林修砲廠直隸於砲兵技術研究處

第二條 本廠設主任一人秉承砲兵技術研究處處長之命綜理全廠一切事務

第三條 本廠分設左列各課庫

一、總務課

二、工務課

三、會計課

四、物料庫

第四條 總務課職掌如次

一、關於撰擬文書及編訂章則條例事項
二、關於管理人事及職工福利子弟教育事項
三、關於文電收發繕校保管事項
四、關於庶務事項
五、關於購置及運輸事項
六、關於現金出納保管事項
七、關於醫務衛生事項
八、關於廠地警衛事項
九、關於成品接收解繳事項
十、其他不屬於各課庫事項

軍政部兵工署砲兵技術研究處

144

第五條 工務課職掌如次

一、關於送修砲械之工作準備及分配事項

二、關於工人之進退管理及獎懲換卹事項

三、關於土木建築事項

四、關於水電之供應事項

五、關於各部之管理事項

六、關於修成火砲之檢查事項

第六條 會計課職掌如次

一、關於成本計算事項

二、關於全廠財物及帳務稽核事項

三、關於登記事項

第七條　物料庫職掌如次

一、關於材料工具之登記收發保管事項

二、關於半成品之接收保管分發事項

第八條　本廠設課長三人庫長一人秉承主任之命指揮及監督所屬職員處理各該課庫事務

第九條　本廠設課員技術員匠師司藥藝術隊長隊附特務長庫員司書各若干人秉承主任及各該課庫長之命分掌各項事務又因事實需要得臨時聘用教務員教員及看護若干人担任指導工作

軍政部兵工署砲兵技術研究處

146

第十條　本廠為促進工作效能并劃分職權起見得在各課庫以下分立室、隊、庫、部、若干單位办事

第十一條　各課庫办事細則由本廠另訂之

第十二條　本大綱自呈奉　軍政部核准之日施行如有未盡事宜得由本廠隨時呈請修改之

军政部兵工署炮兵技术研究处桂林修炮厂组织系统表（一九三九年三月）

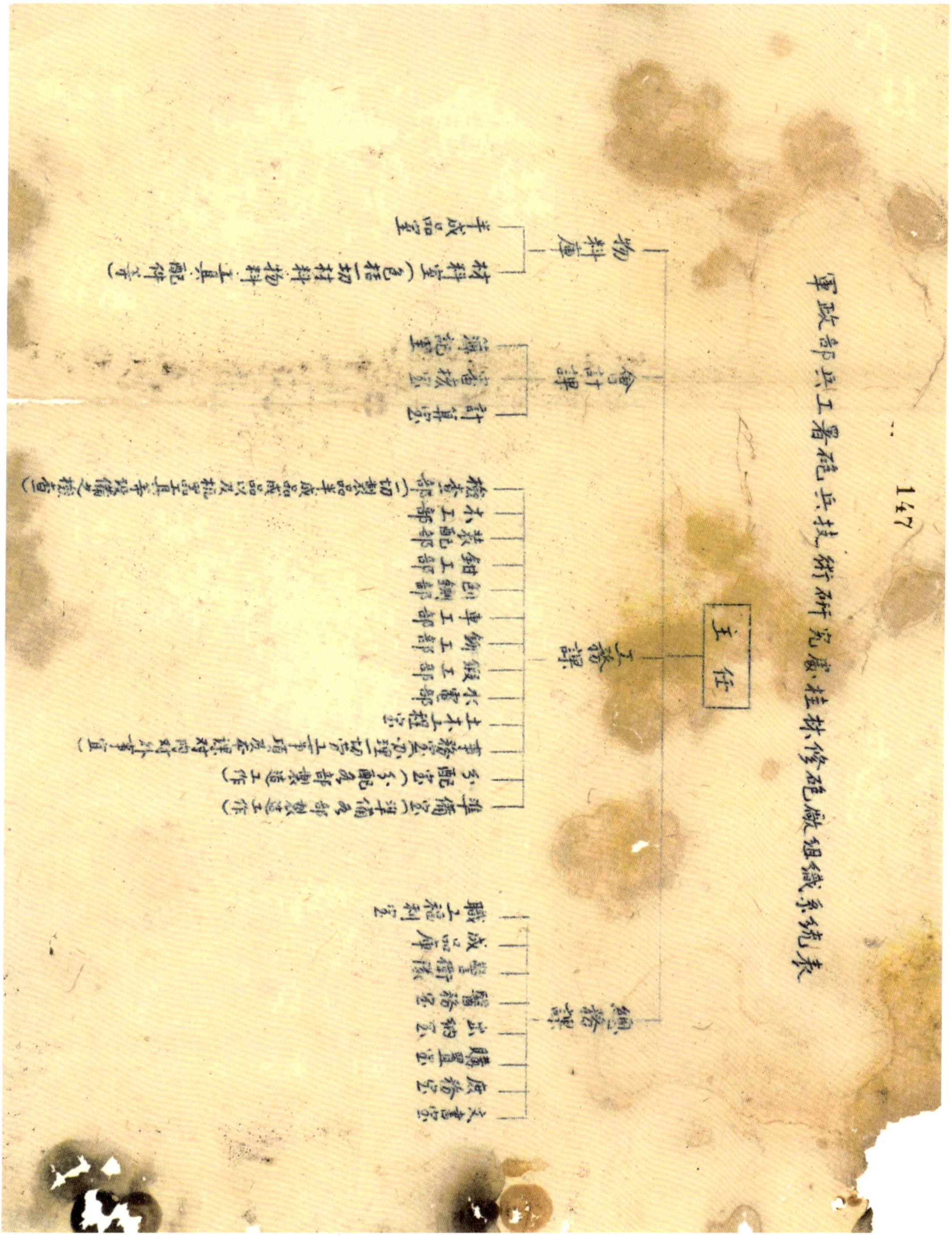

谭友岑为报告驻昆办事处成立日期并附送条戳印模等致兵工署炮兵技术研究处的呈（一九三九年四月二十八日）

00028

昆公〇〇五號

案奉

鈞處砲技(元)九〇九號指令暨砲技九〇九號訓令

指示組織駐昆明辦事處五點並附發派兼代

駐昆明辦事處主任令一件及週轉金伍百元

均敬領悉茲遵於四月二十八日組織成立駐昆

明辦事處遵刊條戳附同印模並具領週轉金

收據各一紙附呈報請

鑒核備案謹呈

代處長榮

附呈　駐昆明辦事處條戳印模一紙

28-1

迴轉金伍百元收據一紙

軍政部兵工署砲兵技術研究處驗收辦事處

主任譚友岑呈

軍政部兵工署砲兵技術研究處

00029

軍政部兵工署砲兵技術研究處駐昆明辦事處

條戳印模

二十八年四月二十八日啟用

砲術字第1185號收文附件	
原文字號	字第 號
歸檔	28年5月10日
卷號	0-1-6

軍政部兵工署砲兵技術研究處使箋

兵工署为令发兵工署炮兵技术研究处修正组织系统表及编制给该处的指令（一九三九年六月八日）

314

9945

事由	擬辦	批示
為令發該處修正組織系統表及編制仰知照由		

附件

軍政部兵工署指令

令砲兵技術研究處處長莊權

二十八年三月二十八日呈一件：為本處現行編制擬予修改理合備文檢同編制草案及組織系統表各三份呈請鑒核轉呈施行由。

呈件均悉。經修正轉奉

渝造（未）甲字第5281號

中華民國廿八年六月八日

315

軍政部渝務軍字第5603號指令，准予照辦，合行抄發修正組織系統表及編制，令

仰知照！此令。

附發組織系統表及編制各一份。

署長 俞大維

校對 蔣錫齡

監印 楊劼熙

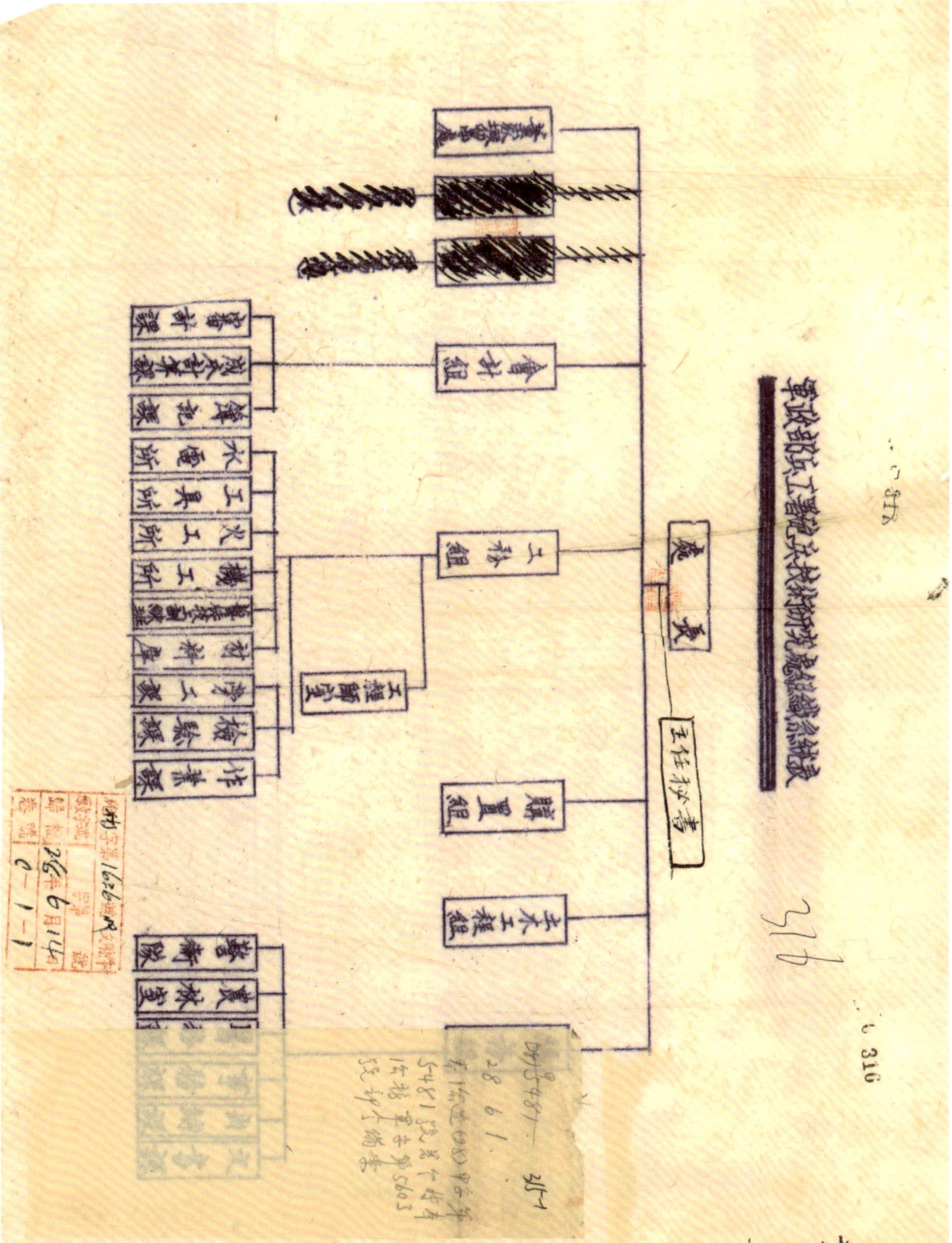
軍政部兵工署炮兵技術研究處組織系統表
處長
主任秘書
會計組
工務組
購置組
土木工程組
工程師室
作業課
檢驗課
材料庫
機工所
工具所
水電所
審計課
警衛隊

附二：修正军政部兵工署炮兵技术研究处暂行编制

一、主任秘书、荐任二级至简任六级、或同上校

修正軍政部兵工署砲兵技術研究處暫行編制[redacted]

職別	階級	員額	備考
處長	簡任六級至四級或同少將	一	綜理全處一切事務[redacted]
總務組主任	薦任三級至一級或同上校	一	[redacted]協助處長處理全處一切事務 主管總務組一切事務
文書課 課長	同中校	一	掌理全處一切文書事宜
文書課 課員	同少校	二	
文書課	同上、中尉	二、二	
文書課 譯電員	同中（上）尉	一	
文書課 書記	同中、少尉	一、一	
文書課 司書	同准（少）尉	二—四	

課別	職別	官等	員額	職掌
出納課	課長	委任六級至四級或同少校	一	掌理金庫金錢出納保管及發放薪餉事宜
	課員	委任九級至七級或同上尉	一	
		委任十一級至九級或同中尉	一	
	司書	同准（少）尉	一	
事務課	課長	同少校	一	掌理倉庫房地產之管理登記辦公用品之保管收發公役之訓練支配及其他招待來賓慶典等事宜
	課員	同上尉	一	
		同中少尉	二	
	司書	同准（少）尉	一	
	傳達（軍士、兵）	中士、上等兵	一一、四	
	公役	一二等	一、二	

0320

		課	醫			務			課
		炊事兵	課長	醫師		司藥	護士	司書	看護軍士 看護兵
三等 四等	五等 六等	上等兵 一等兵 二等兵	委任二級至薦任五級或二等軍醫正	委任五級至二級或三等軍醫正	委任八級至四級或一等軍醫佐	委任十級至七級或二等司藥佐	委任十二級至十級或同准(少)尉	同准(少)尉	中士 上等兵
三 二〇	八 八	一 二 二	一	一	一	一	一	一	一 一
			掌理全廠衛生事宜						

農林室	主管員	委任七級至五級	一	掌理全處造林及園藝之管教事宜
	服務員	委任十級至八級	一	
	司書	同准（少）尉	一	
警隊	隊長	上（少校）尉	一	掌理全處警衛消防及軍訓事宜
	分隊長	中（上）尉	一	該隊編制已另案奉准
		少尉	二	
	特務長	准尉	一	
	軍需軍士	上士	一	
	文書軍士	上士	一	
	號兵	上等兵	三	

0.322

衛隊			
傳達兵	一上等兵	一四	
班長	中士	十二	
副班長	下士	十二	
列兵	上等兵	二四	
	一等兵	四八	
	二等兵	九六	
炊事兵	一上等兵	一一〇	
土木工程組			
主任	薦任四級至二級	一	掌理本處土木建築及審核營造事宜。
技術員	委任三級至一級	一	
本	委任五級至三級	一	

工		委任九級至七級	一	
		委任十級至八級	二	
程		委任十一級至九級	二—四	
	工程員	委任十二級至十級	二—四	
組	事務員	同准（少）尉	一—二	收發保管本組文件，並辦稿繕寫等事宜。
購	購置組主任	薦任四級至二級	一	掌理全廠物品之採購及運輸事宜
	組員	同少校	一	
		委任七級至五級	一	
		委任十級至八級或同中（上）尉	二—三	
置		委任十三級至十級或同少（中）尉	二—三	

324

組別	職別	官等	員額	職掌
組	押運員	同准尉	二—三	
工務組	工務組主任	薦任三級至一級	一	掌理本處一切製造事宜。
工程師室	外籍工程師	聘任	一	月薪國幣壹千元 掌理技術工作之研究改善事宜。
	工程師	薦任五級至二級	一	
		薦任六級至三級	二	
作業課	課長	委任三級至薦任五級	一	掌理作業之準備及分配事宜。
	課員	委任八級至五級	二	
		委任十級至六級	三	
	事務員	同准（少）尉	三—五	
檢	課長	委任二級至薦任五級	一	掌理成品檢驗及試驗事宜。

驗課	課員	委任三級至一級	一	
		委任六級至四級	一	
		委任八級至五級	一	
		委任十二級至八級	三	
	事務員	同准（少）尉	二	
勞工課	課長	委任二級至薦任五級 同少（中）校	一	掌理工人之登記遣退獎懲撫卹及工人福利、並編訂工務方面各項章則及不屬于其他各課事宜。
	課員	同上尉	二	
		同中尉	二	
		同少尉	二	
	司書	同准（少）尉	二	

（四

0326

	材料庫	庫長	委任十級至五級	一	
		庫員	委任十二級至八級	二	
		事務員	同准(少)尉	二	
	藝徒技工訓練班	技術員	委任十級至八級	一—二	
		事務員	同准(少)尉	一	
務	機	主管技術員	委任一級至薦任三級	一	彈頭、引信、無煙三部。
		技術員	委任二級至薦任五級	一	
			委任三級至薦任六級	二	
	工		委任八級至四級	三	
			委任十級至六級	二	

		委任四十二級至五八級	二	
	事務員	同少尉	四	
所		同准尉	六	
火	主管技術員	委任三級至薦任六級	一	光料、製藥、裝配、研究、四部。
	技術員	委任四級至一級	二	
		委任五級至二級	一	
		委任六級至三級	一	
工		委任八級至四級	三	
		委任九級至五級	一	
	事務員	同少尉	三	

(五

328

所		同准尉	一
工	主管技術員	委任二級至薦任四級	一
	技術員	委任五級至二級	一
具		委任九級至五級	四
	事務員	同中尉	一
		同少尉	三
所		同准尉	六
水	主管技術員	委任三級至薦任六級	一
	技術員	委任六級至三級	一
電		委任十級至八級	一

…6 329

		委任十二級至十級	一	
組	所事務員	同 准(少)尉	一	
會計	會計組主任	委任一級至薦任五級	一	主管會計組一切事務
	組員	同 上 尉	一	擬辦並保管本組文件
	簿記課課長	委任六級至四級	一	掌理全廠簿記事宜
	簿記課課員	委任九級至六級	一	
	簿記課	委任十級至八級	二	
	簿記課	委任十二級至九級	二	
	成本課課長	委任五級至三級	一	掌理全廠成本計算事宜
	成本課課員	委任七級至五級	一	

(六)

330

組				
計算課		委任九級至六級	二	
		委任十三級至八級	二	
審計課	課長	委任六級至四級	一	掌理全處[redacted]審核事宜。
	課員	委任九級至十六級	二	
		委任十三級至九級	三	
合計	官佐		一七四 一七七	
	士兵公役		二七七 二六八	

說明：

（一）本處原編制，計列總務、土木、工務、設計、會計、購置六組，及駐漢、駐株兩办事處，除取銷駐株辦事處一案，已呈經奉 令核准外，並擬將設計組及駐漢办事處一併裁撤，計列總務、土木、工務、會計、購置五組，及[redacted]撥留中處，所有各處設計工作，即併入工務組辦理。

(二)本編制所列人員，款數原編制略有增減，悉依據事實需要及工作進度而定之。

(三)原編制總務組下，僅設廠務等課，除土木工程組另編制外，茲改列若干課，以明職掌，而清系統。

(四)本編制總務組下，增列醫務課，及農林室兩項，查本廠建設經常概算書內，原有附屬事業一目，關于醫務及農林方面所需經費，即在此款內開支，（包括人員薪金及事業費用）現擬將需用人員，列入正式編制，至事業費用，照在建設經費內開支。

(五)總務組下警衛隊一項，前已曾專案呈報，將原編制內所列警衛排取銷，擴編為警衛隊，經指令奉。軍政部渝務軍字第277號指令及1673號指令核准。

(六)本廠[redacted]家擬留守處，[redacted]有單獨編制，[redacted]已奉 准，[redacted]，合併申明。

(2

兵工署桂林修炮厂为报告钤记启用日期致兵工署炮兵技术研究处的呈（一九三九年七月十一日）

076

事由：奉颁钤记启用日期请备案由。

年　月　日收文　字第　號

附件

擬辦：技術研究處

批示

軍政部兵工署桂林修砲廠呈　民國　年　月　日

桂砲（二八）字第　號

183

發分號

案奉

兵工署渝造（天）甲字第六三三七號訓令開：

「查本署呈以該廠改隸本署業經奉准請予刊發鈐記一案茲奉

軍政部二十八年六月二十二日渝務軍字第六五三一號指令開：呈悉。茲刊就鈐記一顆，文曰「軍政部兵工署桂林修砲廠鈐記」，隨令頒發，仰即轉飭祗領報查等因，奉此，合行檢發原件，令仰遵照祗領，並將啟用日期連同印模二分具報。此令」

等因，附發鈐記一顆，奉此，遵即于七月六日啟用鈐記，除呈復並分呈外，理合呈報

鑒核備案！

謹呈

砲兵技術研究處

桂林修砲廠主任沈莘耕

兵工署炮兵技术研究处为检送征地亩数单价及建筑物面积统计表致制造司考工科的笺函（一九四〇年十一月二十八日）

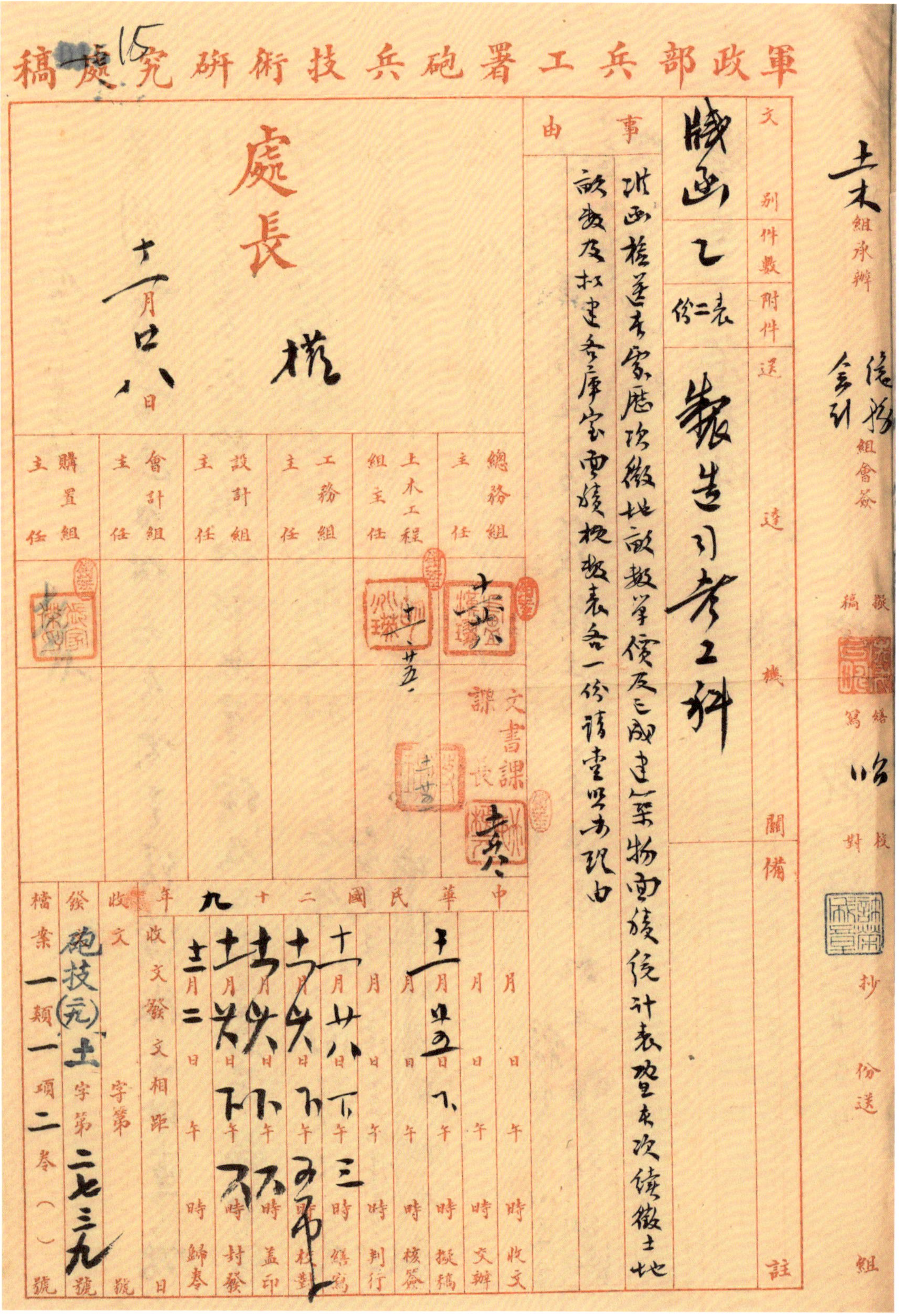
軍政部兵工署砲兵技術研究處稿

文別：牋函

件數附件：表二份

送達機關：製造司考工科

事由：送函檢送本處歷次徵地畝數單價及已成建築物面積統計表暨本次續徵土地畝數及擬建各庫室面積統計表各一份請查照由

處長 十一月廿八日

中華民國二十九年

收文 月 日 午 時

交辦 月 日 午 時

擬稿 十一月廿五日下午 時

核簽 月 日 午 時

判行 月 日 午 時

繕寫 十一月廿八日下午三時

校對 十一月廿八日下午 時

蓋印 十一月廿八日下午 時

封發 十一月廿八日下午 時

歸卷 十二月二日 午 時

發文 砲技（元）土字第二七三九號

檔案 一類一項二卷（一）號

重庆办事处

案准十一月廿一日函开：以为本处呈请续征土地案经

抄送本处历次征地亩数单价及已成建筑物面积

暨本次续征土地亩数及拟建各库室面积以资

参考等由，准此。相应检同本处已成建筑物面积表及拟建房屋概数表

各一份，随函附达，即希

查照，如能派员来处实地视察，尤为欢迎，至希

并请将本处续征土地案迅予转饬核实，以便早日兴工为荷。

此致

报告司考工科

附统计表、概数表各一份

（处 衔）启 十一月 〇日

017

軍政部兵工署砲兵技術研究處歷次徵地款數單價及已成建築物面積統計表

項目		第一次	第二次	合計
年月		9月27年	11月28年	
款數		1415.885畝	41.236畝	1457.121畝
土地單價	水田每畝	120.00元		
	旱地每畝	60.00元	90.00元	
	荒地每畝	30.00元		
	水塘每畝	60.00元		
	樹木	共[illegible]94.85元		
拆遷費	瓦房每方丈	7.00元	9.00元	
	草房每方丈	3.00元	5.00元	
	磚牆每方丈	1.00元		
	墳墓每塚	5.00元		
	青苗賠償	每方丈6.00元		
已成建築物之面積		17832.43m²		
備考		一、樹木每株價由一角至一元二角 二、樹苗每株價由三分至二角五分 三、在水田內地土和荒地仍照水田計算 四、已成建築物面積合計數如上欄，在建築中者計有3260.57m²，在設計中者計有7061.39m²		

10

17-1

軍政部兵工署砲兵技術研究處擬徵瓦廠嘴七孔寺兩地畝數及擬建房屋宿舍倉庫面積概數表

地名	畝數	擬建辦公室住宅宿舍倉庫面積	備考
瓦廠嘴	二〇市畝	二五〇〇平方公尺	
七孔寺	八〇市畝	二〇〇〇平方公尺	
合計	二八〇市畝	四五〇〇平方公尺	

11

兵工署第十工厂为告知炮兵技术研究处自一九四一年元旦起改称第十工厂并启用关防印信致有关单位的公函（一九四一年一月六日）

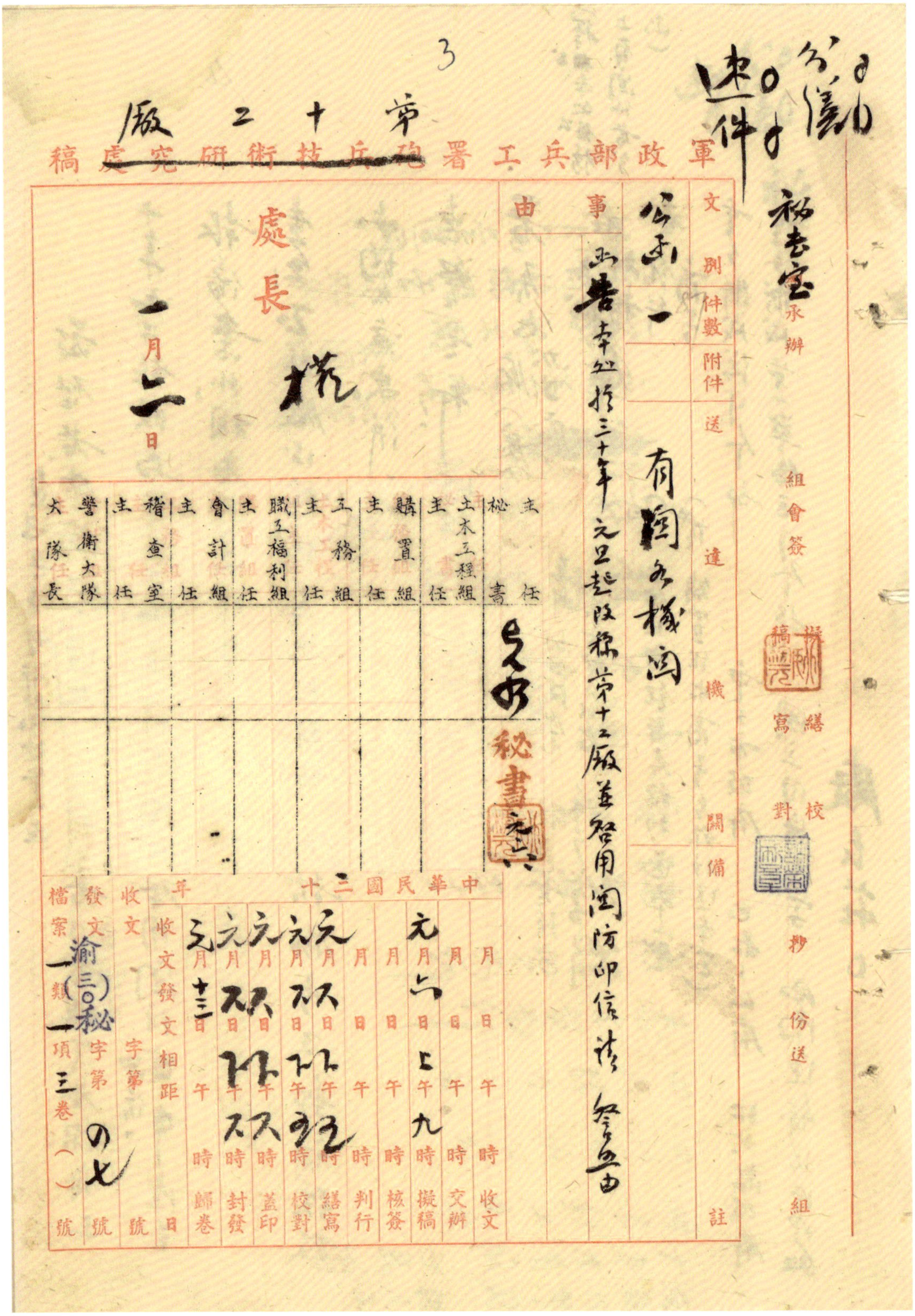
軍政部兵工署砲兵技術研究處稿

第十工廠

處長 一月二日

事由：函告本處於三十年元旦起改稱第十工廠並啟用關防印信請查照

文別：公函　件數：一

送達機關：有關各機關

中華民國三十年　月　日

4

敬啓者：查砲兵技術研究處業經兵工署以榮字代名稱，自三十年元旦起改為第十二廠，並請於同日啓用關防、印信。除呈報備案外，相應函達，即希查照！至改廠後隱名仍為忠恕林場，有線電報掛號及郵箱號數亦均不變更，併請惠登是荷！此致

（擇公函本處業務上有關係者分送）

署屬各廠（處、會）

各辦事處

各軍械、材料庫

各銀行、商號（已通知出納課將銀行名稱抄送本室）（已通知購置組將商號名稱抄送本室）

東川郵政管理局　川康藏電政管理局

重慶電話局　重慶電力公司

重慶衛戍總司令部

重慶衛戍第一警備區司令部

重慶市政府　巴縣縣政府　江北縣政府

國立同濟大學　西南運輸總經理處

廠長　莊〇

兵工署第十工厂厂长办公厅关于炮兵技术研究处改称兵工署第十工厂及更名后有关事宜致该厂所属部门单位的通告、笺函（一九四一年一月六日）

核 呈

30 1 13

1-1-5

速件 由印分別站送

办公廳通告 秘(卅)一字第6号

奉

署諭：本廠改廠問題，經署方接洽，各條俱核准，飭到再行更改。茲仍於三十年元旦起正式改稱第十工廠，並啓用第十工廠關防印信。關於各項準備手續，茲分別規定如下：一、擬照本廠擬定成廠編制範圍，將直屬各單位名稱謂及主管人員名稱先行更改（內部組織及各小單位仍照舊名稱）。（甲）處長辦公廳改稱廠長辦公廳，仍由主任秘書綜理之。（乙）土木工程、工務、職工福利、會計四組均改稱處，原有主任一律改為處長。（丙）儲置組改稱儲置科，主任改為科長（直隸廠長）。（丁）各組所有組員等名義仍舊。（戊）稽查

中華民國三十年壹月六日 發出

室及警衛大隊改隸辦公廳,內部組織仍舊。二、各單位補
充人員,仍照原編制請補。三、新編制印由辦公廳整理改
呈署。四、各單位條戳,由辦公廳迅予換發。等因,奉此,除分別
通知外,相應通告周知。並達即希
查照為荷!此致
土木工程處
工務處
職工福利處
會計處
總務科
警衛大隊
稽查室
本廠各單位

辦公廳啓 文六

杭

兵工署为所报修正编制草案已核准给第十工厂的指令（一九四一年七月十七日）

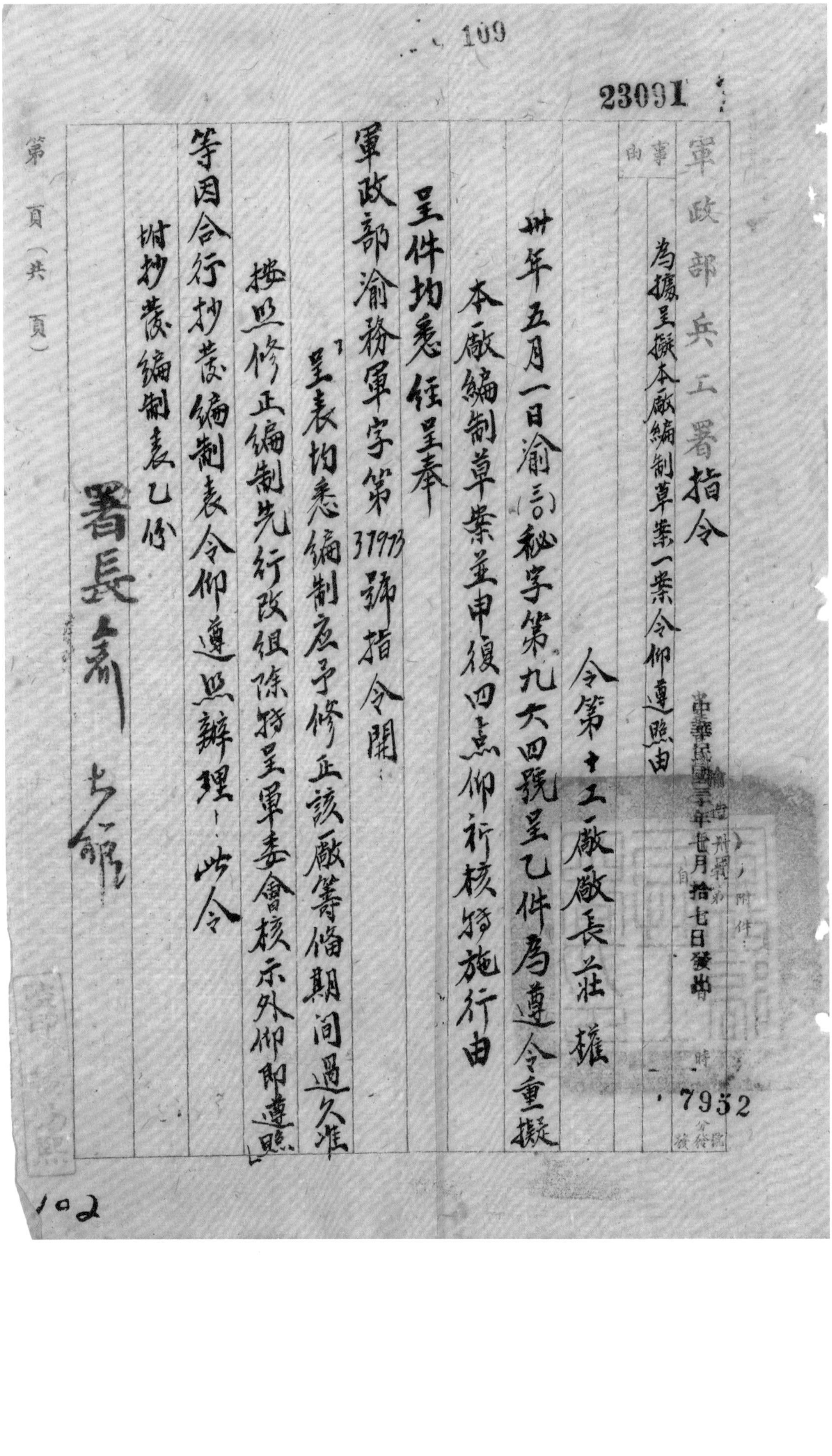
109

23091

軍政部兵工署指令

事由：為據呈擬本廠編制草案一案令仰遵照由

中華民國三十年七月拾七日發出

7952

令第十工廠廠長莊權

卅年五月一日渝(三)秘字第九六四號呈乙件為遵令重擬本廠編制草案並申復四點仰祈核特施行由

呈件均悉。經呈奉

軍政部渝務軍字第37973號指令開：

「呈表均悉。編制應予修正。該廠籌備期間過久，准按照修正編制先行改組，除特呈軍委會核示外，仰即遵照。」

等因。合行抄發編制表，令仰遵照辦理。此令。

附抄發編制表乙份

署長 俞大維

102

110

軍政部兵工署第十工廠編制草案

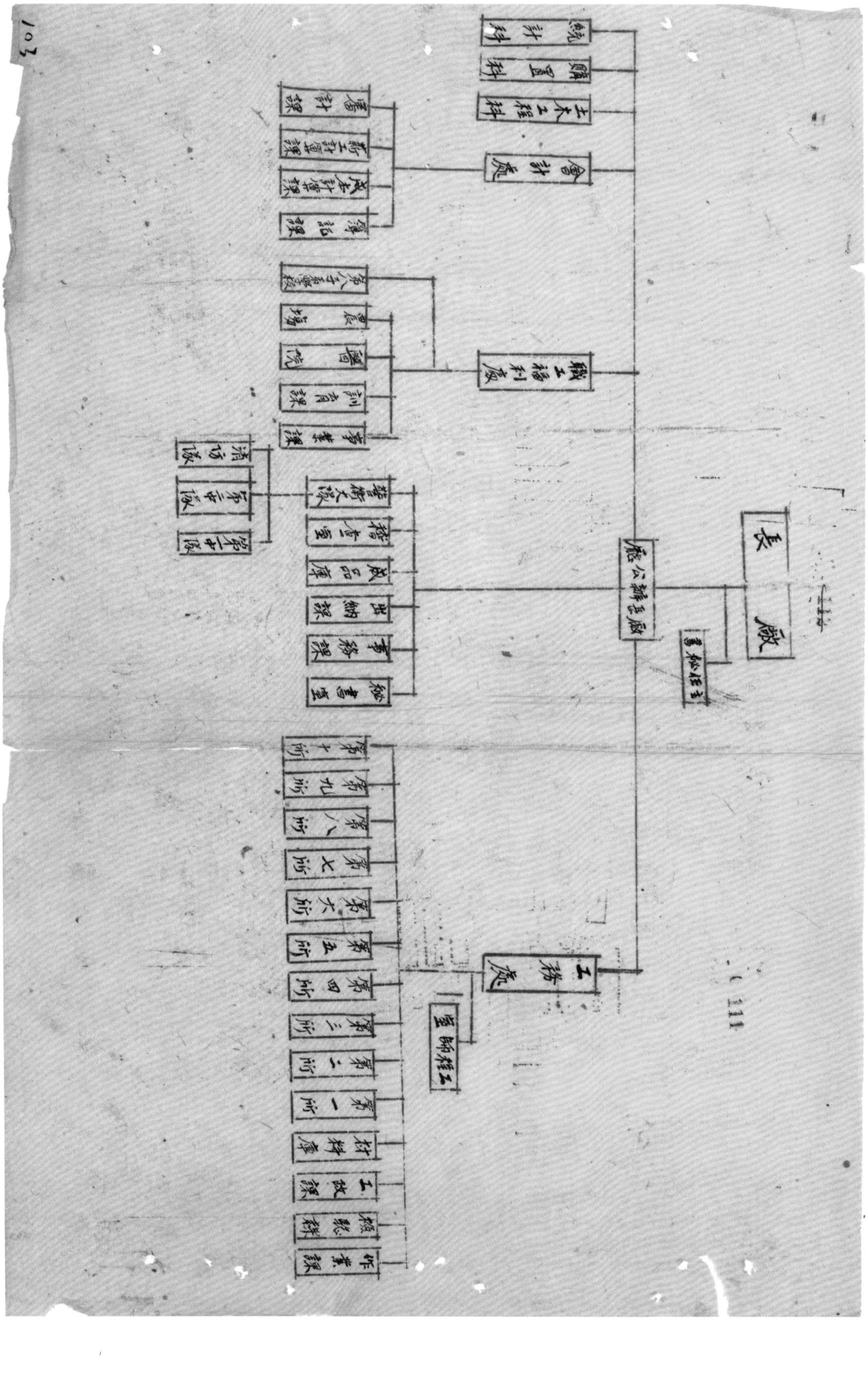
廠長
主任秘書
廠長辦公廳
秘書室
事務課
出納課
稽查室
警衛大隊
第一中隊
第二中隊
消防隊
職工福利處
事業課
訓育課
醫院
農場
會計處
審計課
土木工程科
購置科
統計科
工務處
工程師室
作業課
檢驗課
工政課
材料庫
第一所
第二所
第三所
第四所
第五所
第六所
第七所
第八所
第九所
第十所

軍政部兵工署第十工廠編制草案

職別	階級	員額	備攷
廠長	簡任六級至四級 同少將	一	綜理全廠一切事務
廠主任秘書	薦任二級至簡任六級 同上校	一	輔弼廠長兼主管辦公廳一切事務
秘 秘書	薦任五級至二級 或同中(上)校	一—二	掌理全廠一切文書人事及機要事宜
	薦任六級至四級 或同中校	二—三	
事務員	同上(少校)尉	一	
副官	同上(少校)尉	一	
	同中(上)尉	一	
文股長	同少(中)校	一	

104

股員	同少校	一
書書譯電員	同上尉	一
事務員	同少(中)(上)[illegible]尉	三—五
股文書軍士	上士	三
人股長	同少(中)校	一
事股員	同上(少校)尉	一
股事務員	同少(上)(中)尉	一—二
檔股長	同少校	一
業股員	同上尉	一
室股事務員	同少(上)(中)尉	一

軍政部兵工署製

105

長事課	長	同少(中)校	一	掌理全廠辦公用品傢具財產之保管收發公役之訓練支配事宜
務課	員	同上(少校)尉	一—二	
		同中(上)尉	二—三	
課事務	員	同少(上)(中)尉	二—四	
出課	長	委六至委一級或同少(中)校	一	掌理全廠金錢出納滙兌及發放薪餉事宜
納課	員	委任八級至四級或同上(少校)尉	二	
		委十—委六或同中(上)尉	二	
課事務	員	同少(上中)尉	二	
成庫	長	同少校	一	掌理全廠成品保管收發事宜
品庫	員	同中(上)尉	二	

116

		同少(中)尉	二	
	庫事務員	同(上中)尉	二	
稽	稽查主任	少(中)校	一	掌理全廠稽查及監察軍風紀事宜
查	稽查員	上尉	四	
		中尉	五	
室	事務員	同少(上中)尉	二	
警	大隊長	少(中)校	一	掌理全廠警衛消防事宜
大	大隊附	上(少校)尉	一	
辦	副官	中尉	一	
		少尉	一	

軍政部兵工署

107

衛隊

軍需	二(一)等軍需佐	一	
書記	同中(上)尉	一	
事務員	同少(中)尉	一	
文書軍士	上士	一	
軍械軍士	上士	一	
軍需軍士	上士	一	
司號軍士	中(上)士	一	
傳達軍士	中士 下士	一 一	兼服勤務
傳達兵	上等兵 一等兵	二 四	
看護兵	上等兵	一	

118

公

職別	階級	人數	備考
部炊事兵	上／一等兵	一一	
中中隊長	上尉	二	步兵二中隊
特務長	准尉	二	
文書／軍需軍士	上士	二 二	
隊號兵	上等兵	四	每中隊各二名
傳達兵	上／一等兵	二 四	兼服勤務
看護兵	上等兵	四	每中隊各二名
部炊事兵	上／一(三)等兵	一〇 八	
大各分隊長	少(中)尉	六	共大分隊
班長	中(上)士	一八	

軍政部兵工署製

109

		分	副班長	下(中)士	一八
		隊	列兵	二一上等兵	八九八二〇〇
		消	隊長	中尉	一
			隊附軍士	上士	一
			傳達號兵	上等兵	一一
		防	看護兵	上等兵	一
			炊事兵	一(三)上等兵	二一
			班長	中(上)士	二
廳			副班長	下(中)士	二
	隊	隊	列兵	二一上等兵	八三八

110

--6 120

工	處長	薦二至簡六	一	掌理全廠製造事宜
	處員	同少（中）校	一	
	事務員	同少（上中）尉	二	
工	總工程師	薦三至簡大級	一	掌理設計製圖研究試驗及保管圖表等事宜
	工程師	薦任四至一級	二	
		薦六至薦二	二	
程		委一至薦三	三	
	技術員	委三至薦六	三	
師		委八至委四	三	
		委十一——委五	三	

軍政部兵工署製

111

0 121

室事務員	同少(上中)尉	二	
作課長	委一至薦三	一	掌理準備工具及材料調節出品統計工料等事宜
技術員	委四至薦六級	一	
業	委八至四級	四	
	委十一至委四級	四	
課事務員	同少(上中)尉	四	
檢課長	委一至薦三	一	掌理檢驗未成品及出品事宜
技術員	委六至二級	六	
驗	委十一至四級	六	
課事務員	同少(上中)尉	四	

112

122

工政課	課長	委一至薦三 武同中校	一	掌理全廠工人進退登記及管理工人食堂及其他有關工政事宜
	課員	委六至委一 武同少校	二	
		委八至委三 武同上尉	四	
		委十至委五 武同中(上)尉	二	
	課事務員	同少(上中)尉	四	
材料庫	材庫長	委五至一級 武同少(中)校	一	掌理材料之儲藏收發事宜
	庫員	委八至委五 武同上尉	四	
		委十一至委七 武同中(上)尉	四	
	庫事務員	同少(上中)尉	二	
第所	所長	薦六至薦二	一	銅殼所

113

一技術員	委任六級至一級	一	
	委任八級至三級	一	
所事務員	同少(上中)尉	三	
第所長	薦任六級至二級	一	彈頭一所
務二技術員	委任六級至一級	二	
	委任八級至三級	一	
所事務員	同少(上中)尉	三	
第所長	薦任六級至二級	一	彈頭二所
三技術員	委任六級至一級	一	
	委任八級至三級	一	

114

124

所	事務員	同少(中上)尉	三	
第	所長	薦任六級至二級	一	引信所
	技術員	委任六級至一級	二	
四		委任八級至三級	一	
所	事務員	同少(中上)尉	三	
第	所長	薦任六級至二級	一	壓製所
五	技術員	委任六級至一級	二	
所	事務員	同少(中上)尉	二	
第	所長	薦任六級至二級	一	光劑所
六	技術員	委任六級至一級	二	

軍政部兵工署製

115

所事務員	同少(上中)尉	二	
第七所長	薦任六級至三級	一	裝配所
技術員	委任六級至一級	二	
	委任八級至三級	二	
所事務員	同少(上中)尉	三	
第八所長	荐任六級至二級	一	工具所
技術員	委任六級至一級	五	
	委任八級至二級	五	
所事務員	同少(上中)尉	八	
第 所長	薦任六級至三級	一	木工所

126

	技術員	委任六級至一級	一	
	九	委任八級至三級	一	
	所事務員	同少(上中)尉	二	
	第所長	薦任六級至二級	一	水電所
	技術員	委任六級至一級	二	
	十	委任八級至三級	二	
處	所事務員	同少(上中)尉	三	
職	處長	薦任四級至一級	一	掌理全廠職工福利之計劃推進事宜
	專員	委一級至薦三級	一	
	處員	同少(中)校	一	

軍政部兵工署製

117

127

事務員	同少(上中)尉	一—二
事課長	同少(中)校	一
課員	同上(少校)尉	二
業	同中(上)尉	二
	同少(中)尉	二
工課事務員	同准(少)尉	一—二
訓課長	委任四級至薦五 同少(中)校	一
課員	委任八級至三級 同上(少校)尉	二
育	同中(上)尉	二
	同少(中)尉	二

118

128

課事務員	同准(少)尉	一—二
醫院長	聘 月薪三百至四百元 任	一
福 醫師	聘 月薪二百五十元至三百五十元 任	一
	聘 月薪一百五十元至二百元 任	二
藥劑師	聘 月薪八十元至一百廿元 任	一—二
高級護士	聘 月薪八十元至一百卅元 任	一
助產士	聘 月薪五十元至八十元 任	一
檢驗員	聘 月薪一百至一百五十元 任	一
護士	聘 月薪五十元至八十元 任	三—五
院事務員	同少(上中)尉	二

軍政部兵工署製

119

利	農場長	委任五級至一級	一	
	技術員	委任八級至四級	二—四	
	場事務員	同少(上中)尉	一—二	
	第八校長			廠長兼任
	子弟校務主任	聘任 月薪八十元至一百廿元	一	
	學教員	聘任 月薪六十元至八十元		視學生人數多寡酌定
處	校事務員	同少(上中)尉	二	
會	處長	薦任四級至一級	一	掌理全廠會計事宜
	專員	委一級至薦三級	一	
	處員	同少校	一	

130

事務員	同少(中)尉	一
簿記課 課長	委三級至薦五級	一
簿記課 課員	委任五級至一級	三
簿記課	委任八級至五級	二
簿記課	委任十二級至八級	二
計 成本計算課 課長	委任三級至薦任五級	一
成本計算課 課員	委任五級至一級	三
成本計算課	委任八級至五級	四
成本計算課	委任十二至八級	二
薪課長	委三級至薦五	一

軍政部兵工署製

121

處	課(科)	職別	官等	員額	備考
	工課	員	委任五級至一級	二	
	計算課		委任八級至五級	三	
			委任十二級至八級	二	
	審計課	課長	委任三級至薦任五級	一	
		課員	委任五級至一級	三	
			委任八級至五級	三	
處	課		委任十二級至八級	二	
土	科	長	薦任五級至一級	一	掌理全廠征地建築及修繕事宜
	科	員	同少校	一	
			同中(上)尉	一	

122

木	事務員	同少(中)尉	二	
	工程師	委任一級至薦四級	一	
		委任三級至一級	二—三	
工	技術員	委任五級至三級	二	
		委任八級至五級	二—四	
	工程員	委任十級至八級	二—三	
程	測繪員	委任十三級至八級	二—三	
	管料員	同上尉	一	
科		同少(中)尉	一	
購	科長	薦任四級至一級	一	掌理全廠採購物料及運輸事宜

	科員	委任五級至二級 武同少校	二	
		委任七級至五級 武同上尉	二—四	
置		委任十級至八級 武同上尉	四—六	
		委任十二級至十級 武少(中)尉	二	
	事務員	同少(上中)尉	一	
科	押運員	同少(上中)尉	四	
統	科長	薦任四級至一級 武同中(上)校	一	掌理全廠各種事業之統計及証章符號之製發事宜
	科員	委任二級至薦五級 武同中校	一	
計		委任五級至二級 武同少校	一—二	
		委任八級至五級 武同上(少校)尉	二—三	

科事務員	委任十二級至八級 弍同中(上)尉	二－三
	同少(上中)尉	一－二
合計	士官(醫師)佐	344－376
	士兵	三九一

軍政部兵工署製

126

军政部兵工署第十工厂征收重庆市忠恕沱七孔寺及瓦厂嘴民地地亩清册（一九四二年）

033

存檔

軍政部兵工署第十工廠徵收重慶市忠恕沱七孔寺及瓦廠嘴民地地畝清冊

034

業户姓名	何明緒	〃	〃	〃	〃	〃
圖上號數	2003 2012 2020 2021 2027 2034	2005 2011 2025 2028 2033	2015 2016 2017 2018	2004 2026 2006 2029 2009 2030 2010 2032 2013 2014 2056	2019 2031	2154
水田面積	13.260					
熟地面積		19.382				
屋基面積			0.698			
山地面積				3.003		
竹林面積					0.342	
總計面積					36.685	
瓦屋方丈			收買 23.31 拆遷 6.66			
草屋方丈			拆遷 3.78			拆遷 9.99
磚墻方數						
樹木株數		圍过尺 1		圍过尺 14 〃一尺以上 2 〃二〃〃 5		
坟（石/土）計數	土 4	土 1		土 24		
青苗畝數	13.260	19.382		3.003		
有無據契						
備考						

34-1

業戶姓名	許長發	〃	〃	〃	劉南郡	〃
圖上號數	2024 2128 2129	2040 2043 2130 2132	2168 2075 2076	2133	2068 2069	2095 ~~2137~~ ~~2096~~ 2140 2097 2141 2121 2142 2136 2143
水田面積	13.530				0.516	
熟地面積		3.300				8.391
屋基面積			0.502			
山地面積						
竹林面積				1.395		
總計面積				18.727		
瓦屋方丈			收買 18.45			
草屋方丈			收買 4.41			
磚牆方數						
樹木株數		圓計徑尺 2				
墳坵計數						大 1
青苗畝數	13.530	3.300			0.516	8.391
有無據契						
備考						

注意 ◎ 如業戶之數多[illegible]
◎ 填用者可隨意增加填用惟填至最末一行須加一總計
[illegible]分類總計[illegible]

035

業户姓名	劉南郡	〃	〃	吳志誠	〃	〃
圖上號數	2072 2098 2099 2102 2100 2101 2122 2123 2124 2147 2148 2162 2163 2164 2165 2166 2167	2096 2137	2070 2103 2117 2120 2134	2007	2001 2008	2002
水田面積				8.190		
熟地面積					4.350	
屋基面積	1.924					
山地面積		1.095				0.210
竹林面積			2.491			
總計面積			14.417			12.750
瓦屋方丈	收買 27.90 拆遷 1.42					
草屋方丈	拆遷 17.46					
磚牆方數						
樹木株數		圍三寸至一尺 12 〃一尺以上 6	圍三寸至一尺 3 〃一尺以上 3 〃二〃〃 1			
坟計數（石、土）		石 1 土 7				
青苗畝數		1.095		8.190	4.350	0.210
有無據契						
備考						

35-1

業户姓名	王成芝	〃	〃	王子猷	〃	〃
圖上號數	2023 2035 2037 2073 2131	2022 2036 2044 2094	2091 2092 2093	2038	2039 2041 2074	2077 2078 2079
水田面積	10.203			6.120		
熟地面積		1.767			0.860	
屋基面積			0.355			0.619
山地面積						
竹林面積						
總計面積			12,325			
瓦屋方丈			收買 11.79			收買 18.45
草屋方丈			拆遷 9.48			收買 3.04 拆遷 6.59
磚牆方數						
樹木株數		園三拔一尺 1				
土石坟計數						
青苗畝數	10.203	1.767		6.120	0.860	
有無據契						
備考						

◎注意◎ 如業户之較多[illegible]致[illegible]填用者可隨意增加填用惟填至最末一行須加一總計將前填各項分類總計之

036

業户姓名	王子獻	〃	袁天富	〃	〃	〃
圖上號數	2045	2084	2057	2046 2047 2048 2058 2064 2067	2062 2065 2066	2049 2063
水田面積			0.360			
熟地面積				4.085		
屋基面積					0.654	
山地面積	1.950					3.161
林地面積		0.060				
總計面積		9.609				8.260
瓦屋方丈					收買 16.20	
草屋方丈					拆遷 5.94	
磚墻方數						
樹木株數	圍三寸至一尺 19 〃一尺以上 11				圍二尺以上 1	
墳計數 石/土	石 4 土 9					石 2 土 42
青苗畝數	1.950		0.360	4.085		3.161
契據有無						
備考						

36-1

業户姓名	陳永卿	〃	〃	〃	唐玉盛	〃
圖上號數	2050 2051 2052 2053 2059	2060 2061	2054	2055	2104 2106	2085 2105
水田面積						
熟地面積	2.944				0.406	
屋基面積		0.596				
山地面積			2.792			0.848
竹林面積				0.135		
總計面積				6.467		
瓦屋方丈		收買 24.53 拆遷 4.23				
草屋方丈						
磚墻方數						
樹木株數			圍三寸至一尺 1 〃一尺以上 2 〃二〃〃 1			圍三寸至一尺 1
挖計土石數			石 1 土 52			土 2
青苗畝數	2.944		2.792		0.406	0.848
契據有無						
備考						

◎注意◎ 一、業户之多寡而……可隨意增加填用惟填至最末一行須加一"總計"各項分類總計之

037

業户姓名	唐玉盛	〃	王炳金	〃	唐正興	唐玉盛唐馬氏
圖上號數	2107 2135	2086 2138 2087 2139 2108 2149 2109 2150 2110 2151	2042	2138	2118	2146
水田面積			2.925			
熟地面積						1.543
屋基面積		1.388				
山地面積						
竹林面積	1.551				2.640	
總計面積		4.193	2.925		2.640	
瓦屋方丈		收買 36.73 拆遷 3.89		拆遷 12.56		
草屋方丈						
磚墻方數						
樹木株數		圓三尺以上 1			圓一尺以上 1 〃二〃〃〃 4	圓二尺以上 1
土石坟計數	土 1				土 13	
青苗畝數			2.925			1.543
契據有無						
備考						

37-1

業户姓名	唐玉盛、唐馬氏	唐馬氏	〃	〃	〃	唐國明、唐成萬
圖上號數	2145 2157 2152 2158 2153 2159 2154 2160 2155 2156 2161	2126 2144	2089 2090 2114 2115	2127 2088	2119 2125	2116
水田面積						
熟地面積		0.720				
屋基面積	1.083		0.526			
山地面積				0.510		
竹林面積					0.780	0.840
總計面積	2.626				2.536	0.840
瓦屋方丈			收買 9.45 拆遷 6.44			
草屋方丈						
磚牆方數						
樹木株數				圍三摟尺 2		
坟計數（土、石）				土 3		土 2
青苗畝數		0.720		0.510		
有無契據						
備考						

注意◎如業户之數多[illegible]填用者可隨意增加填用惟填[illegible]最末一行須加一總計[illegible]總計之

038

業户姓名	王勝之	〃	〃	馬銀祥	唐成萬	袁從龍
圖上號數	2081	2082 2083	2080	2071	2111 2112 2113	2082
水田面積						
熟地面積	0.165					
屋基面積		0.315			0.331	
山地面積			0.270			
竹林面積				0.375		
總計面積			0.750	0.375	0.331	
瓦屋方丈					拆遷 10.85	收買 15.30
草屋方丈		拆遷 3.60			拆遷 1.69	
磚牆方數						
樹木株數			圍三寸至一尺 4			
坟（石/土）計數			石 1 土 1			
青苗畝數	0.165		0.270			
契據有無						
備考						

38-1

業户姓名	圖上號數	水田面積	熟地面積	屋基面積	山地面積	竹林面積	總計面積	瓦屋方丈	草屋方丈	磚牆方數	樹木株數	石土坟計數	青苗畝數	契據有無	備考
黃永豐	2072								拆遷 3.55						
張芝士	2122								拆遷 5.67						
侯吉安	2124 2148								拆遷 9.14						
任鄭氏	2145								拆遷 5.78						
張金山	2149 2150								拆遷 5.42						
王治輝	2151								拆遷 1.42						

注意◎

◎如業户之數多而一表不敷填用者可隨意增加填用惟填至最末一行須加一總計將以上各項分類總計之

039

業戶姓名	鍾紫星	陳少齊	李雲青	陳東鈞	陳丁保	陳文宣
圖上號數	2152	2153	2155	2156	2157	2158
水田面積						
熟地面積						
屋基面積						
山地面積						
竹林面積						
總計面積						
瓦屋方丈		拆遷 5.12				
草屋方丈	拆遷 6.44		拆遷 2.75	拆遷 10.08	拆遷 5.02	拆遷 5.20
磚墻方數						
樹木株數						
土石坟計數						
青苗畝數						
有無契據						
備考						

39-1

業戶姓名	陳東剛	唐志青	王進之	周青雲	陳樹生	陳東雲
圖上號數	2159 2164	2160	2161	2162	2163	2165
水田面積						
熟地面積						
屋基面積						
山地面積						
竹林面積						
總計面積						
瓦屋方丈	拆遷 10.80					
草屋方丈	拆遷 4.21	拆遷 2.93	拆遷 0.81	拆遷 3.91	拆遷 8.32	拆遷 6.91
磚墻方數						
樹木株數						
土石坟計數						
青苗畝數						
有無據契						
備考						

注意◎ 如業戶之數多而[illegible]表不敷填用者可隨意增加填用惟填[illegible]最末一行須加一總計將[illegible]各項分類總計之

040

業戶姓名	郭雲亭	羅青雲	羅張氏	殷振斌	童海青	利川木行
圖上號數	2166	2167	2147	2139	2169	2170
水田面積						
熟地面積						
屋基面積						
山地面積						
竹林面積						
總計面積						
瓦屋方丈				拆遷 1.13		拆遷（木板屋）1.62
草屋方丈	拆遷 4.32	拆遷 3.60	拆遷 3.04		拆遷 2.03	
磚墻方數						
樹木株數						
土石坟計數						
青苗畝數						
契據有無						
備考						

40-1

業户姓名	中國藥產提煉公司	〃	〃	〃	福生莊	李文臣
圖上號數	3010 3013 3017	3002 3009 3003 3015 3004 3005 3016 3006 3020 3007 3021 3008 3022	3001 3011 3018 3019	3012 3014	3003 3004 3005 3006 3007	3015
水田面積						
熟地面積	19,319					
屋基面積		1.477				
山地面積			20.680			
竹林面積				0.143		
總計面積				41.619		
瓦屋方丈		收買 21.42 拆遷 8.82			收買 11.09 拆遷 9.42	
草屋方丈		拆遷 6.26				拆遷 4.32
磚墻方數						
樹木株數	圍滿~~徑一尺~~一尺以上 3 〃四尺以上 1		圍滿徑一尺 25 〃一尺以上 19			
墳計數（石/土）			土 6			
青苗畝數	19.319		20.680			
契據有無						
備考						

◎注意◎ 如業戶之數多而[illegible]不敷填用者可隨意增加填用惟填至最末一行須加一總[illegible]項分類總[illegible]之

業户姓名	帥海青	唐福山	總計			
圖上號數	3016	3020				
水田面積			55.104			
熟地面積			67.232			
屋基面積			10.468			
山地面積			34.519			
竹林面積			10.752			
總計面積			市畝 178.075			
瓦屋方丈			收買 234.62 拆遷 82.96			
草屋方丈	拆遷 1.62	拆遷 5.85	收買 7.45 拆遷 177.13			
磚墻方數						
樹木株數			圍 三寸至一尺 85 一尺以上 47 二〃〃〃 13 三〃〃〃 7 1			
坟計數（石、土）			石 9 土 168			
青苗畝數			156.855	✓		
契據有無						
備考						

41-1

業戶姓名						
圖上號數						
水田面積						
熟地面積						
屋基面積						
山地面積						
面積						
總計面積						
瓦屋方丈						
草屋方丈						
磚牆方數						
樹木株數						
土石坟計數						
青苗畝數						
契據有無						
備考						

注意◎

如業戶之數多而一張不敷填用者可隨意增加填用惟填至最末一行須加一總計將前填各項分類總計之

兵工署第十工厂为报送大事纪要致兵工署的呈（一九四三年三月）

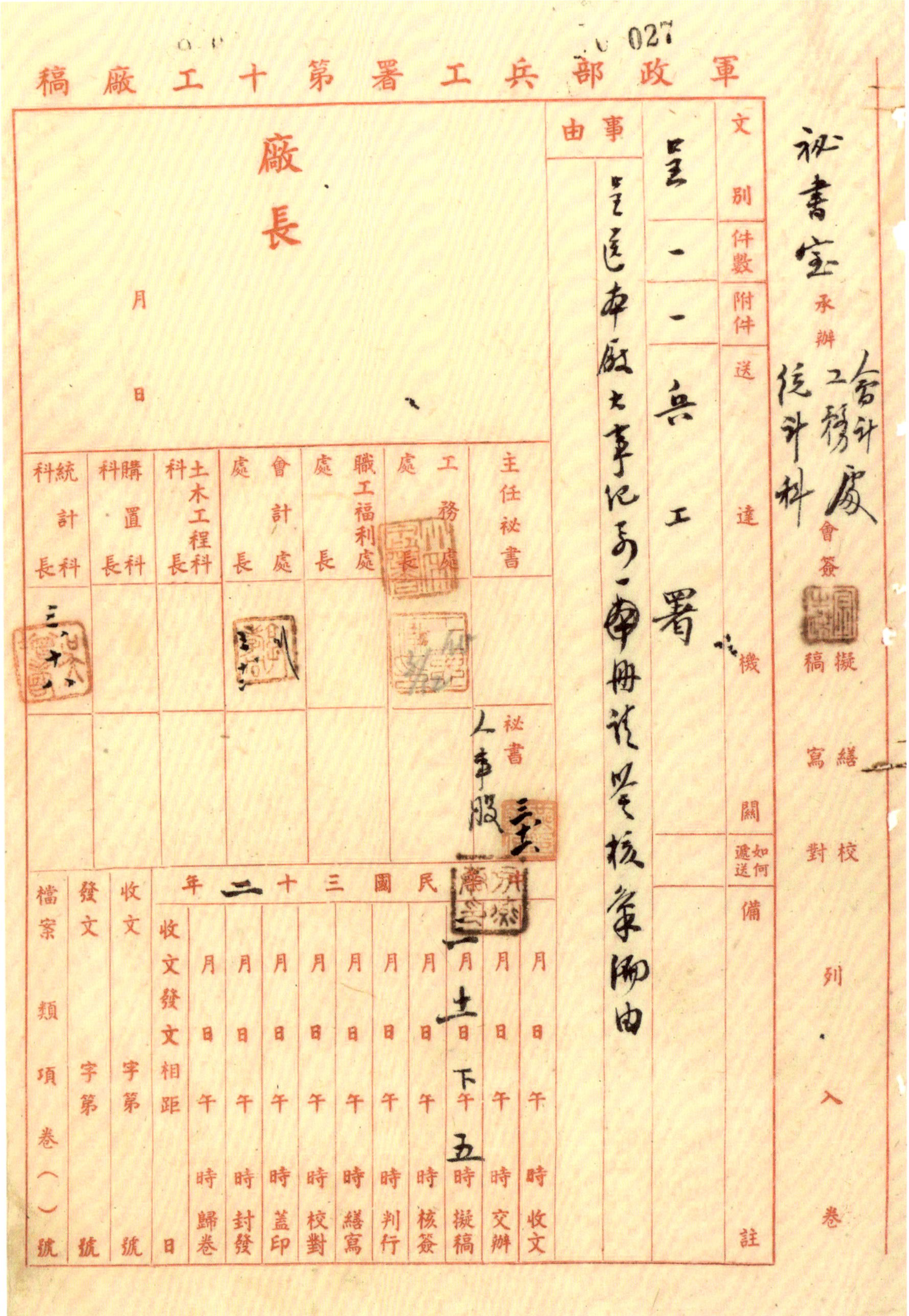
027

軍政部兵工署第十工廠稿

文別：呈
件數：一
附件：一
送達機關：兵工署
事由：呈送本廠大事紀要一冊請鑒核備案由

承辦：秘書室
會簽：工務處、會計處、統計科
擬稿　繕寫　校對　列入卷

廠長　月　日

主任秘書　工務處長　職工福利處長　會計處長　土木工程科長　購置科長　統計科長

秘書　人事股

民國三十二年 三月 十三日 下午五時 擬稿

收文 月 日 午 時　交辦 月 日 午 時　擬稿 月 日 午 時　核簽 月 日 午 時　判行 月 日 午 時　繕寫 月 日 午 時　校對 月 日 午 時　蓋印 月 日 午 時　封發 月 日 午 時　歸卷 月 日 午 時

收文發文相距　日

收文　字第　號
發文　字第　號
檔案　類　項　卷（一）號

案奉

鈞署濟秘編(乙)字第六五八號訓令略以編纂本各工廠大事紀要

抄發調查事項令仰呈報等因並附調查事項一帋奉

此自應遵辦茲特將本廠應行填報各項截至三十一年年

底止彙編成[illegible]帙理合備文送請

鑒核彙編

謹呈

署長俞

附本廠大事紀要一冊

(全銜廠長)莊〇

丙、現況概述

（一）組織

軍政部兵工署第十工廠組織系統表

030

029

廠長

主任秘書

廠長辦公廳

工務處

工程師室

作業課
檢驗課
工政課
材料庫
第一所
第二所
第三所
第四所
第五所
第六所
第七所
第八所
第九所
第十所

秘書室
文書股
人事股
檔案股

事務課
出納課
成品庫
稽查[illegible]
警衛大隊
第一中隊
第二中隊
[illegible]隊（機鎗中）

職工福利處

事業課
訓育課
醫院
農場
第八子弟學校

會計處

簿記課
成本計核課
薪工計核課
審計課

土木工程科

購置科

統計科

(二) 官佐人数

43

第十工廠三十一年度實有官佐職別人數統計表

職別	人數
技術人員	一〇九員
軍用文職人員	三三員
軍職人員	一八〇員
教員	一四員
附註	1. 編制人數三八四員 2. 實有人數三三六員 3. 本表人數係按照三十一年十二月份實有人數填列

34

(三)

士兵人数

40

第十工廠三十一年度士兵編制人數與實有人數對照表

編制人數	實有人數
三九一名	二一九名
附註	本表實有人數係按三十一年十二月份實有人數填列

0035

四、會計制度：兵工署所屬各兵工廠會計，經由兵工署擬訂兵工會計規程草案通令試行，本廠會計事務計分為(一)專案建設(二)製造，凡屬于(一)項者，即照主計處頒行之普通公務會計一致之規定處理之，屬于(二)項者，除遵照兵工會計規程草案逐步推行外，並為適應實際情況起見，另擬有成本會計試行草案，處理一切製造事項所支出之工料費用，該草案刻正積極試行修訂中，期能于最近着手成本會計之實施，並冀根據本廠試行實況，俟兵工會計規程草案修訂時，提供意見，

即此填報

45

四會計制度(甲)普通會計事務本廠簿記組織概依會計法之規定會計科目則遵照普通公務单位會計制度之一致規定及兵工會計規程草案办理除為便於稽考起見本年度曾增設分户存欠備查簿補助登記一種對于製造费用科目及耗用工料科目之各帳項自本年起均劃清月份分别轉帳俾与成本會計方面取得密切联系本廠各部份工友儲金帳係以團体儲金另户轉存銀行自本年起另設分户登記(由出纳課经办)以便工友離廠時由廠方墊還儲金易於核对(乙)成本會計事務本廠

深知成本會計對於管理上之效用，故各部份均以此為共同之鵠的，惟成本會計事務至不簡單，內受設備及人力之限制，外復礙於物價之劇變，給予以紛歧，及一部份料價之不能及時結録，致使諸多原始紀録不能如預期之完備填報，而成本之比較分析復陷於錯綜複雜，計録數據之數字遂難期其準實，故本廠對於成本會計採取逐步推進辦法，俾能切合實際情形，因時逐漸改善，以期接近理想之境域。茲將本年中準備施行成本會計之有關事項分陳於左：一、確定各

038

製造部份及作業部份工作之分類登記辦法本廠辦理成本會計对於工資成本不擬採取直接分配而用平均分配計算因各部份工作之分配不能如預計之洽當其故實由於本廠機器設備新舊懸殊同時製造計劃亦有因材料之補充關係並不能不以新機器駕駛簡易者（亦為生產效能較高）派由低工資者操作而舊機器駕駛繁複者（亦為生產效能較低者）派由高工資者担任更為調節閑忙常遣手藝佳者操作不重要之工作故如採用接直分配法反使成本發生

（二）

48

極複雜之變化，不若求得平價以作增減比較而易於理解也。又分析工時彙記工時由於前項之確定，根據各製造及作業部份之報工表將製造相同工作彙記編表轉滙登記於成本滙記帳。又成本滙記帳之試行登記——根據原始領料單據並根據原始報工記錄之彙記表登記於成本滙記帳之直接工料欄。此項登記暫屬試辦，因各製造工作程序未予確定劃分，故所登記之數字僅為供給日後辦理各道成本計定工料之標準數字及作為估計成本之參考而已。此耗用間接材料

0 040

分部登記——此項紀錄係根據原始之領料單登記，用以彙記每部份所有間接料之領用數值，以為事後統計考核之資料，並供補充購儲材料之參攷。六、結存國外購進材料帳——本廠主要製品之材料、工具、樣板等均係購自國外，總值計拾貳万柒千陸百餘磅，又參拾玖萬壹千陸百餘馬克，共合國幣（依照戰時匯率）貳百陸拾万捌千餘元，訂購合同幾及一百，种類將達三千，故指派專人司其事，費時半載方始理竣，分別誌帳，以結存舊存材料帳——本廠材料除前條所述外，其

50

（三）

041

餘大部份均為其他机関撥交或其他案款内購
貯備用而因計劃變更轉行撥交應用者來源
既已分歧後經西遷搶運互相混淆短期内不易
鑒定品類確計數量先由材料庫逐項查点
分批整理年底後事會計方面為配合材料
庫之工作乃先從接收材料之估定價格及明
確劃分其來源數量入手從而計算轉撥他廠
遷移損失以前耗用等之數值本年度始行
理後本年度材料收發帳之處置因之兩項
工作未能早日解決故此項工作亦祇能分兩階

5-1

另進行(一)先登記數量(二)後計價值(當時購進者則收發之價值與數量併計)迄卅年三月底始行完成8.有関材料收發單據之改訂,本廠為便材料庫存帳存易於查對及登記有所準則起見將收料單據分別為暫行收存(已購到之庫而未經檢驗者)及正式入庫誌帳者兩種發料單據亦區分為撥付(價撥或借用)及領用(自用自工製造及外工製造)至附加於材料之運費攤派亦另訂運費攤派表使明細分類帳與總分類帳之聯系加強9.辦公用品明細分類帳之設立本

(11)

52

廠每月办公用品之消耗數值亦頗可觀故於本年度初即採用永久盤存制度設立本帳户以登記各種類办公用品之收发存量與價值逐月按領用量值誌轉費用帳户使費用符合实際对於管制物品數量及費用咸本之確準均有裨助同時另定办公用品領用量預訂办法以供事前事後之考核及購备數量之依據10、固定資產存用各部登記本廠為準備清查全部固定資產故將本年年度購置者先行編號登記凡本年購用或收存（包括移轉）之各種類固定

6 044

資產概況須填單以憑分別部份登記而資查考各部份所存用之數量並為日後編造財產目錄彙登分類帳及計算分攤折舊費之根據而其他會計事務，審計課及薪工計算課之工作，本年度亦均有所增改設施。審計工作本廠建設經費係專案成立預算按照實施計劃分配預算，所有預算項目之動支均須經事前審核俾不至超越預算影響總個事業之進展至製造經費因製造計劃受材料供給之影響常有若干變更故預算尚未能成立本廠對製造費用

(5)

5-4

之事先審核條從一切物料之原始請購單入手視需要之程度及本廠之財力以定購置與否或酌予核減使財務調度及工作需要均能顧及且更可減少一部份之浪費四、修訂各單位另用金之報核辦法一本廠之另用金可分為(一)購置另用金(二)伙食另用金(三)支付工資儲金旅什費另用金三項除二項較為單純外一三兩項支付頻繁故核報手續亦須分別規定俾在不影響採購支付之情形下仍能保持內部之牽制作用五、薪工計算課之工作a、改訂俸給計算單據本廠任

046

用職用未奉委前得事先到差再办請委手續在先引到差期中薪俸須按照借支標準扣付及委准後再行補呈故欲逐月編造薪俸証明冊室感困難經另擬俸給計祘單採用活頁裝訂办法使收據計祘單合併為一且更以副張作為領取薪俸之便查使領受人員詳悉其淨收金額之計祘由來也試办工時工資分析為欲配合成本計祘方面工資成本之計祘故於五月份起試办工時之分析彙記及卅一年初則正式根據此種彙记推祘工資成本矣

56　　(6)

(五)人事制度

本廠人事分職員及工人兩部份，職員人事由人事股主管，工人人事由工政課主管。今先述職員部份：本廠編制共有職員四百一十四人，計分文職、軍職、聘任三種，工務處本科之技術員及會計處人員屬於第一種，其餘事務人員屬於第二種，醫院中醫護人員及子弟小學教員屬於第三種。為切事實需要並採用廠外人員，職員之選用或由介紹或主任秘書或經考試或由各校派送，其任用程序如次：各處主任秘書科長由廠長先行派代，其餘各級職員由各處科長視事務需要，擬附證件簽請任用，先呈人事

57

股核签由主任秘书转呈厂长批准后由人事
股通知到差 到差后由人事股通知会计处
起薪及分配宿舍并饬总务股登表相(著绍)
连同调件办文请委 此外为有试用人员依试用
人员办法办理实习及各校派厂实习学生按规
定实习其起聘另保证书入厂实习或实习期满成
绩优良年资届满由人事科签请擢升批
示人事股核签办理 职员辞职除因事请
假免外其因升学或患病不堪胜职准许辞职经查(?)
生请假或学校录取通知由主管核转或经由承

單位主管核轉　廠長批示　批准後函人事股填月
報表通知辦理離職手續並函通知會計處於五
（離職之福利委會）
日內截薪及其他有關單位遵辦　填月報表
報免　關於人事異動與總之須用之冊登記之種
類如左　官佐名冊　異動登記　差假登記
其他登記

59

六、主管業務

一、蘇羅通二公分曳光榴弾

二、蘇羅通二公分榴弾

三、蘇羅通二公分曳光弾

四、蘇羅通三公分七榴弾

五、蘇羅通三公分七破甲弾

六、歐力根二公分曳光榴弾

七、歐力根二公分榴弾

八、擦槍器具

九、籌造六公分迫擊砲及砲弾

十、籌造信號弾

60

七、各項處理手續
院正編訂本廠辦事細則一俟擬就當即另行
呈核

丁.重要事項

(一)遷建渝廠之經過

廿七年　月奉　署令第　号令飭本處（砲技處）遷川

乃於五月派王思讓、熊明善、卜集人、朱一中赴渝組織

辦事處籌建新廠，并派胡兆璜、辛同莊、亞良等測量

人員五人負責土木工程事宜，值時代理處長榮泉

馨之親往渝領導選擇廠址，曾察看渝市郊外

地不下數十處，卒于五月底擇定於部龍橋對岸忠恕

沱為廠地，取其沿嘉陵江與成渝公路交通便利而離

市不遠，電力供應之無困難，該地之形複雜曲折頗為

掩蔽，且有二深溝陷尤適宜於各分工小廠房之疏

62

散六月一日移交重慶開始办公最初呈請江北縣政府令同徵購地皮一千　百畝一面派員測量借民房為工作場所選定建造各種房屋地点繼於七月間招商承造第一批招標建造者為本廠辦公廳及宿舍其餘廠房住宅亦相繼發包至廿七年冬办公所首先完成廿八年一月開始使用先是株洲總處奉到　署方命令須將撥交廿五廠籌備處之一切機器機料代運到重慶張家溪該處庫房点交因此株處除將撥交五十廠之機器在株点交外尚有四千餘噸待運乃於六月間派馬運綏陳心元駐宜

054

昌庫中轉運留守人員集中力量裝運機料及趕辦結束其可離去者陸續由水路經宜昌轉渝至八月十五日機料全部離株同月廿日第代處長率領最後一批職員十餘人離株當日即遭大批敵機肆行轟炸廠地所有庫房鐵軌全被炸毀但機料人員因已離去未受損失末批人員於廿七年九月七日抵渝駐渝辦事處遂告結束一切業務移交總處主持初利用渝辦事處房屋辦公至十二月遷入忠恕沱新辦公廳辦公繼續辦理徵地未了事宜及督建各種房舍廿八年春間各廠房次第落成在

64

經處抵渝後鑒於基本工人之重要乃設立技工訓練班招募技工教以各種特殊技能造廠房完成乃結束課程拆修及安裝機器由株遷川機器約於廿八年春運畢至廿八年夏全部安裝完畢本處向國外訂購之機料因運輸困難滯留於海防昆明近來外商製造砲彈無法進行乃於廿八年春派譚友岑駐昆搶運機料俾早日正式出品當查砲彈材料未到以前不使職工閒空計乃承做廿一廠機關槍零件廿九年春開始籌造擲槍器具同年四月莊廠長由歐率陳喜棠呂釗

仁孟繼英蘇知檢王肇隆返國抵渝主持處務鑒於停工待料損失太大乃於六月間率同王思濂林清許威儒葉芳赴昆明辦理運輸並是年冬所需材料大體到齊廠方乃着手試製英式二公分榴彈卅年元旦奉處令改為第十兵工廠同年四月二公分榴彈試製完成四月開始解繳同時試造三七公分銅殼及榴彈迄卅一年夏開始解繳歐利根式二公分砲彈三七英式榴彈斯時亦試造完成並三七破甲彈俱於卅二年春方開始解繳先是卅一年夏莊廠長見二公分及三公

分七砲彈材料無法續辦勢將影响本廠前途乃決意籌造六公分迫击砲及砲彈并親往川黔等路各站庫房及昆明一帶察看并交涉領運應需材料一面加派人員（陳忠東李子凱譚声淨等）赴各處催運輸至卅一年冬各料運輸告一段落預計卅二年迫击砲及砲彈可正式製繳

0 056

（二）二公分及三、七公分砲彈之試造經過

廿六年春本廠機器既已大部到渝材料亦到少許廠房佈置將次第完成是時派赴國外採購及監造機器之技術人員蔡其恕王銓張家驥適亦返國乃由該三員領導著手籌備試造工作本廠係屬初創人員物資未有素蓄製造經驗無所憑藉須先之以徵求搜集繼之以切磋訓練以培植技術之基礎因即招募優良技工開辦訓練班蓋本廠機器新穎皆非國內工人所已習故對於機器之性能構造使用方法以及精度配合之意

68

義量具樣板之重要必須事先灌輸咸俾熟諳訓練既畢乃整理機器安裝試車車廠採購機器時為求提早出品起見一切工具設備大部均配備齊全且曾訂購一部份樣板及補充工具故安裝試車後即可試造零件先自二公分榴彈炮因時設計未訂購之一部份樣板着手摹繪工具設備從事補充此可節省不少時間但仍以試造零件時缺乏樣板裝配不無問題故未敢大量製造尤其銅壳之精度較差僅可少量而不能達發給樣板送到方

0 060

合標準連發問題乃迎刃而解火工方面初因向國外訂購卑光牌未甚滿意乃自行壓製於起藥及時間之調整方面頗費週折又於引信彈頭之裝配方面發現早炸之弊初疑片簧之彈性不合蓋以所訂片簧材料因運輸損失而改用者為自行仿製者繼疑底螺之氣密有差再三研究幾經改良始底於成其後於仿造雷管方面亦屢經試驗始克與舶來之品媲美直至廿九年冬二公分榴彈可順利出品繼之乃試造三七榴彈幸無甚大困難惟以材料未能

70

大量運斗及銅壳抗發生障碍故稽延至卅一年冬始大量出品卅一年春又奉令筹造欧力根二公分砲弹既無準確圖樣又無適當公差借覓砲弹實樣及一使用已久之砲膛測量摹繪着手試造故其工具樣板屢經變改幾歷一年始能使各種性能悉如人意於此知仿造之不能易事也三七破甲弹之試造困难更多弹头淬火之硬度全無依據尤其大批淬火之均匀问题固能易事又因弹底引信之原設計實欠妥善故種種弊竇屢出不

71

竊屢試屢改方斷差強人意，但仍難有以改善也。於各種砲彈試造中深感痛苦者：一為鐵之精密工具，故致所製工具樣板未盡精密，尤其螺絲部份配合時有困難；二為適用之材料中斷，自行仿造煞費苦心。以一新創之工廠，使用國內罕見之機器，試造從未做過之砲彈，而時艱事迫，常有種種意想不到之障礙，與其事者固深知其絕非輕易，始有戰戰兢兢之黽勉從事耳。

戊、大事記

年	月	大事簡記
二十四	秋	兵工署俞署長呈奉 委座核准並奉 指定湖南株州之董家坝為株州兵工廠廠址籌造新式七五公分野砲及十公分輕榴彈砲
二十五	三	兵工署令派砲兵器材科科長莊權負責籌備事宜
	四	正式奉准成立砲兵技術研究處並派莊權為處長其任務為籌建株州兵工廠製造新兵器
	九	設立駐株辦事處受本處之指揮負株廠各項土木工程實施推進之責
	十	奉兵工署令自十一月起全部接管漢陽兵工廠所屬砲廠並成立駐漢辦事處進行各項工作

78

004

二十六	七	抗戰開始本處全部由南京遷株州
	十	駐株辦事處結束株廠土木工程事宜由本處直接監督進行並派員赴滬搶運鎗彈機
		及一部份動力机均于上海淪陷前運出到株後並即将在臨時建築之簡陋廠房中開
		始安裝並新砲之設計工作仍派員在漢進行
二十七	三	本處處長奉令率同技術人員赴歐監造新砲處務由兵工署派龔積成代理並
		将本處由海外運到之製砲廠部份機器就近移交廣東第二兵工廠至漢陽砲廠
		仍隸本處
	四	本處奉令将砲彈廠及槍彈廠机器全部遷渝並将槍彈廠机器運渝後由代
		理處長龔積成另籌設廠分工趕製本處處長職務奉令改由工務組主任榮
		泉馨兼代

74

065

	五	一日起株州臨時鎗彈廠正式開工日出鎗彈二萬餘發月初即派員赴渝勘定江北忠恕沱為廠址並將株廠机器陸續西遷至臨時砲彈廠則以維持出品關係最後折遷本處所屬之漢陽砲廠奉令先遷湖南桃源
	六	渝廠征地測量等初步工程開始並建築廠房
	八	株廠遷移工作始大体完竣全部人員均陸續赴渝並即成立董家壩留守處担任株廠未完遷築工程及零星材料之保管守護廠地等事
	十	武漢撤退湘北局勢緊張漢陽砲廠復由桃源遷至沅陵籌備復工
二十八	三	設立昆明辦事處辦理滇越滇緬及昆渝間各項機料之轉運事宜
	四	渝廠廠房多數均已完工即行安裝机器惟以主要材料運輸迟緩故無法正式開工乃佟量利用机力人力代替各廠製造零星件壓製装藥包

75

-C 066

年	月	事項
	六	奉准兵工署將漢陽砲廠改隸于辰谿第一工廠
二十九	四	本廠廠長莊权由歐返國試造新砲工程亦在匈牙利國製成返國以後努力設法將各項主要材料交商陸續運渝
	十二	開始正式出品
三十	一	奉准改稱第十工廠仍派莊权為廠長以製造二公分及三·七公分砲彈為主要工作
	二	首批蘇洛通二公分曳光榴彈一千四百發製造竣事
	五	為避免空襲計先將彈頭部及工具所机器陸續遷入山洞安裝即在洞內工作
	七	首批蘇洛通二公分榴彈五千發及二公分曳光彈萬發製造竣事
	十	首批蘇洛通三·七公分破甲彈四千發製造竣事

76

三十一 六 首批蘇洛通二七公分榴弹五千發製造撥事

七 首批歐力根二公分榴弹萬發製造撥事

三二 十二 首批蘇洛通二七公分破甲弹四千發製造撥事

77

视察第十工厂报告书（一九四三年六月）

缮楷 六三

视察第十工厂报告书

(一)制造品：(甲)该厂原系制造二公分及三七公分炮弹专厂，除代他厂制造各项制品外，以制造上项二种炮弹为主要业务。

(乙)现正筹造六公分迫击炮及炮弹，［除部各种机器改造各种工具，其余零件于本年内装配，添建厂房刻正兴工］三十二年十月可以有出品，如材料早有着落，明年可大量制造。

(丙)二公分及三七公分炮弹以材料关系，自三十二年七月份起，即停止制造。

(二)员工人数：(甲)职员 三九二人

(乙)工役普伕 一九〇六人

均以三十二年四月底为准

(三)制品产量：(甲)二公分炮弹，依机器能力，可月出六万发；现以材料关系，平均每月实出三万发。

(乙)三七公分炮弹，依机器能力，可月出二万五千发；现以材料关系，平均每月实出二万发。

(四)制造程序：(甲)各种新出品之计划，及出品之改良事项，均由工务处工程师室，根据每月产量及安

0059

際情形，擬定工作程序，支配所需機器，或添建廠房及附屬房屋，塗製各種機器之夾頭、工具、樣板、檢驗規板，及準備所需材料，藉見推察。

(乙)製造工作之支配準備、考核事項，由工務處作業課主辦之，於每年年度終了前，秉承廠長及工務處處長之指示，依據人力物力機力及經費情形，預計全年出品數量，擬具次年度計畫及逐月計及逐月工作進度，編定下年度作業計劃，呈請經廠廠長核准後，呈兵工署備案。且將畫主要業務經廠長確定後[illegible]工作進度表，分別填發工作令，通知各製造單位依單製造，並須注意配合。

(丙)各製造所所長接到工作令後，即根據指定製品數量，依照工作程序，估定工作時間，指定工作機器及工人，填入「工作進度表」、「工作順序表」及「工作支配單」等，卷宗按程序進行，藉見緊湊。

0060

（丁）在工作進行中之工人動態，由各所考工員分別記錄之；材料由材料股兼負查核記錄之。

（戊）各項製品完成時，（不論成品、半成品或零件）由檢驗課按照各種規格及檢驗條件，逐件檢查，甚為嚴格。凡經檢驗合格之製品，即繳送成品庫；不合格之製品，即行退回各製造所。各項檢驗用之樣板、儀器、量具、儀表等，由檢驗課樣板室負保管之責；對於樣板及使用樣板、量具，均按期嚴格查驗，藉以保持精度。

0061

(五)福利設施：該廠對於員工之衣食住樂育醫藥等之福利事業莫不應有盡有；其辦理尤見成績者有農場、合作社、醫院、子弟學校等各單位，茲記其特点如次：

(1)農場　廠內有建築物之附近及人行路兩側均廣植掩蔽林，全廠幾成一林場，掩蔽極佳；其他可耕種之空地則一律栽種菜蔬，統計種植面積達六百餘畝，平均每日可生產一千至一千五百市斤之菜蔬（在佳良之季節每日可產七萬市斤），全數供給員工廉價購用；此外並有醬油、豆類及羊奶等出售，頗稱便利；而領有住宅之員工，其附近如有隙地，亦有由農場指派隊代全墾種植，俾員工眷屬利用有餘勞力從事生產，行之頗著成效。

(2)合作社　該社為供應員工生活必需品之機構，完全採用憑証購物辦法。

0062

該項收購証，係按照員工及其眷屬實際依廠人數為等，區為(子)單身、(丑)二口之家、(寅)四五六口之家、(卯)七口以上之家の四級；由本業課按照等級規定數量，於每月月初分發與員工，以便持赴合作社購買物品。而合作社之售貨價格，以每半年為一期；每期均參照當時物價，及員工月收總數，核定價格，以廠令公佈之；在同一期內，價格概不更動。並設有糕餅社、製鞋社、針織社、縫級社、洗衣理髮等組織，自製餅乾、西式皮鞋、線襪，並代員工縫製衣服，價格均較市價為廉，辦理亦頗具條理。為免流弊起見，調查戶口甚為嚴格。

(3)醫院　該院辦理保健診療，均極認真。每年按時佈種牛痘及注射防疫針；員工受該項注射者，年約二千餘人。設備方面，有檢驗室一，每日檢驗病人之血、液、痰、便，平均在一百件以上。手術室一，能作闌尾手術；一部用具及器械係該廠自製。普通病房，設六十床位；隔離病房，設十六床位；病歷記載詳明，處理隔離病人之各項排泄物，亦極妥善。員工及其直系親屬就診者，一概准予特約記賬，如服務不滿一年者，離職時醫藥費用須全數繳清；服務一年以上二年未滿者，離職時可繳半數；服務二年以上者，離職時准免繳各項醫藥費用。尤見安定人事之苦心。

（4）子弟學校　該校完全按照滬市市立小學各項規程辦理。現有教師十五人，學生二九九人，分設六級九班。（一上、一下、二上、二下、三上、三下、四下、五下、六下）（教學及批改作業，俱甚認真。）嗣後每隔一年即添班；以每級各設上下二班，俾學生升降時，可以半年為一階段，便於教學。校舍整潔，對於光線、空氣各方面，均尚合適。所置物理方面各教模型儀器，頗為齊備。員工子弟入學，書籍學費，一概免收；並免費酌給課業用品。附近居民子弟，

0064

不得請求入學。訓練方面，對秩序、禮貌，尤見注意。

(5) 其他 此外如員工住宅、宿舍、公共食堂、辦公室、中山室、書報閱覽室、運動場，等各項設備，亦均齊備。每月分别演出電影、話劇、平劇，及分别舉行音樂會、話劇團、球類比賽、運動會，等各項活動，員工參加者頗為踴躍。

兵工署第十工厂为报送重修大事记致制造司的笺函（一九四四年四月三日）

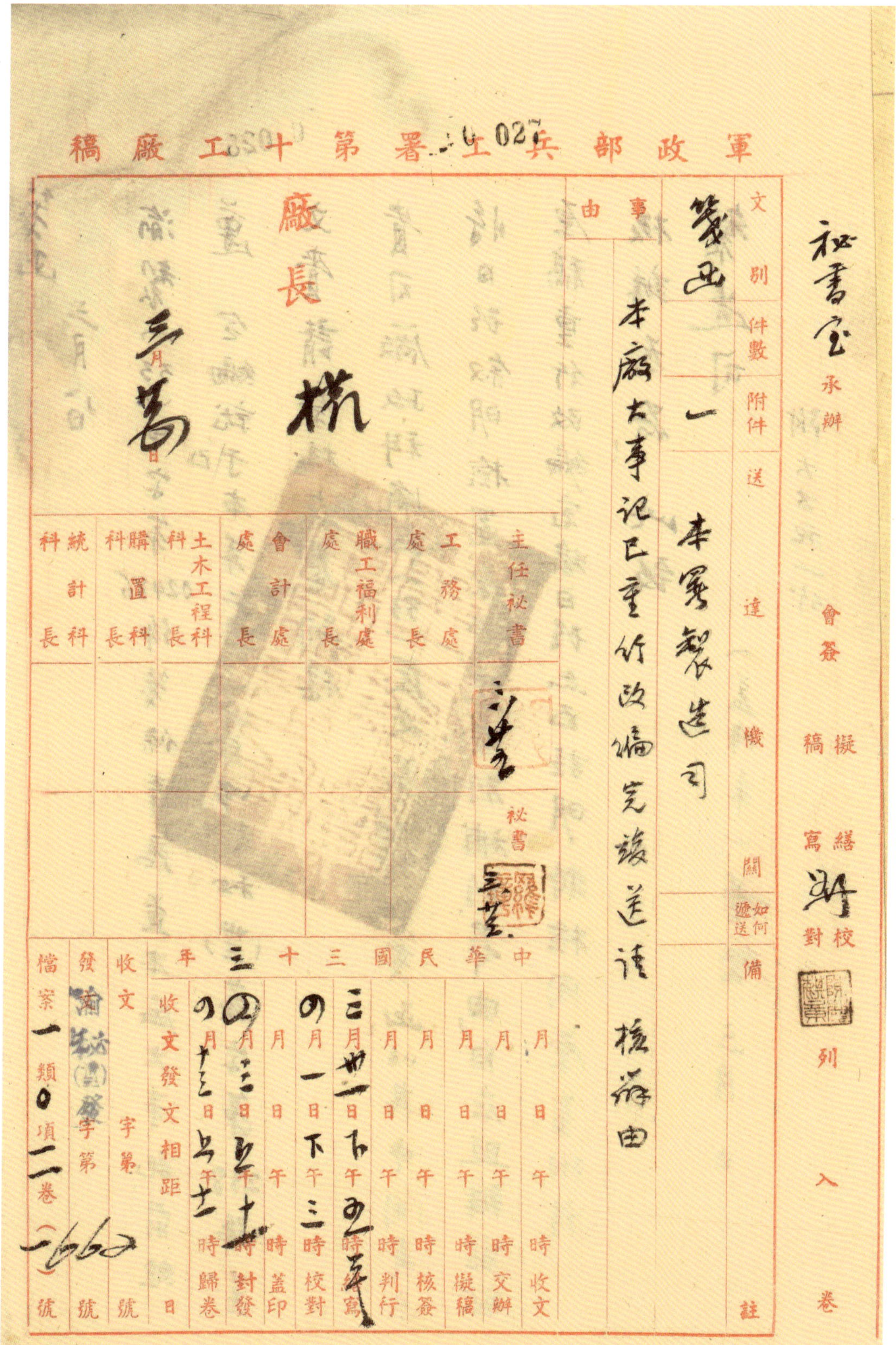

軍政部兵工署第十工廠稿

秘書室承辦

會簽

擬稿

繕寫

校對

列入卷

文別：箋函

附件：一

送達機關：本署製造司

事由：本廠大事記已重行改編完竣送請核存由

廠長 楨

三月 日

主任秘書

秘書

中華民國三十三年

三月廿一日下午五時繕寫

四月一日下午三時校對

四月三日上午十一時封發

四月十三日上午十一時歸卷

檔案 一類 0項 二卷（2663）號

發文 渝秘（發）字第 號

U.028

箋函　三月　日

渝製(33)甲字第02486號箋條奉悉。查本廠大事記前經遵令編就，已於本年二月十一日以渝秘(卅三)發字第238號呈文賫請察核在卷。頃接貴司廠政科渝政(33)發文第010號箋函，以其中間有未將日誌叙明，檢還原件，囑分別補列等由；自應照辦。茲就原稿重行改編完竣，日誌亦已註明，特檢同原呈附請核辦為荷！此致

製造司

附大事記一份

（蓋條章）謹啓　三月　日

呈核

軍政部兵工署第十工廠大事記

本廠前身為砲兵技術研究處，以籌建株洲兵工廠為主要任務。戰時遷渝，改稱第十工廠。故本廠大事編纂，分為兩部份：自民國二十五年三月奉令籌建株廠日起迄廿九年十二月止，為砲兵技術研究處時代；三十年一月以後至現在，為第十工廠時代。謹擇要輯其事畧，依次編列如左。

年月日	大事紀要	備考
	△砲兵技術研究處時代	

030

二五

月	日		
三	十四	署派莊權籌建株洲兵工廠，製造各種火砲，供應國防需要。	造(25)甲字第1025號署令派充
四	一	着手進行籌備，呈准先行酌用必需人員，在南京租賃民房為辦公地址（四牌樓吉昌里四號）開始辦公	造(25)甲字第2726號署令備案
四	二八	簽准將原擬設立之「株洲兵工廠籌備處」名義，改為「砲兵技術研究處」，對外避免敵人注目標，實負株廠實際籌建之責	此件係呈奉部長何就原簽上親批「照辦」
五	七	派員實測量株廠廠址，研究地盤設計（按株廠廠址，係由軍政部勘定湖南株洲董家墩呈准	軍委會高二字第1087號指

031

軍委會委員長蔣核准有案）

准該實施測量圈購全廠面積五千四百三十九畝）

六十五　砲技處編制預算核准，依照規定正式組織成立，計設處長一人由署轉請明令簡派莊權充任，下設總務，土木工程，工務，設計，會計，購置六組，各置主任一人，文牘員，會計員，技術員辦事員等各若干人，惟工務組管轄內分設砲廠，槍彈廠，砲彈廠，機器廠，動力廠，熔銅及輾銅間，木工間，各置主任一，此外尚設

令備案

造(25)甲字第2602號署令轉奉務軍字第6751號部令核准備案

0032

		一警衛排與組平行，置排長一，總計全廠官佐一〇九員，士兵八十一名。各級主要人員由廠長呈請 令派吳羣楨為総務組主任，梁强為土木組主任，榮泉馨為工務組主任，陳世仁為設計組主任，張家傑為會計組主任，張敏慎為購置組主任，以專責成	
九	一	設駐株辦事處，派梁强兼主任，督辦株廠建築工程。砲技處會計處理，屬於經常費者，依照預祘核定（月列二萬四千九百八十元）按月請領造報，照普通公務會計規程辦理，屬於株廠建設費者，另編預祘，列作建設專案款支報	造(25)甲字第3971號署令備案
九	七	株廠第一批徵地手續辦理完竣（計徵地四六一七、二九三市畝），發放價款十一萬六千〇四十四元六角二分，并由軍需署派	經呈奉 軍委 會高二字第2250

月	日	事由	備考
		員會同監放。	指令備案
十	三	株廠廠房地盤設計完成，開始整理土方。	
十	二四	接管漢陽砲廠，一面整理機器，修配舊砲；一面規劃充實設備，試造新砲。	奉造(25)丙字第4744號署令接收
十	二五	株廠全部建築，因工程浩大，設計工作勢難一舉完成，預定分批辦理，茲將第一批建築工程設計完成圖樣，（包括槍彈廠全部及機器廠一部份房屋）連同施工說明書等件呈 署核示。	
十二	一	設駐漢辦事處，派陸君和兼主任，主持漢砲	奉造(25)丙字第

034

			廠事宜	5362號署令備案
	十二	十	興工修築由株廠基地董家塅達五里墩長約兩公里之鉄道支綫一段，銜接浙贛路俾火車能直駛廠區。	
二六	一	七	修築由株洲江邊直達董家塅廠境之公路一段，連貫水陸交通，以利運輸。	
	一	十一	株廠第二批建築工程設計完竣，計包括火工作業所，槍彈庫，砲彈庫及醫院，職員住宅，職員宿舍等公用設備，繪具圖表及施工說明書等件，呈　署核示。	

二八 株廠第三批建築工程設計完竣，計包括砲廠及庫房全部房屋，繪具圖說，呈 署核示

三十三 完成株廠第四批建築工程圖樣，計包括工人住宅、工人食堂及甲乙兩種工人宿舍、子弟學校等房屋，繪具圖說，呈 署核示

四二二 株廠第二批徵地手續，依法辦竣，計徵地七七〇·一九六市畝，發放價款弍萬六千六百八十三元四角二分 造(26)乙字第3382號署令備案

四二三 完成株廠第五批建築工程設計圖樣，計包括發電所全部房屋，繪具圖說，呈 署核示

六十五 株廠籌備工作已達工程實施階段，砲技處原 奉造(26)甲字

030

定編制不盡適用，擬在不增薪給預算範圍內，第3520及4373兩號
酌予修正呈奉 部令核准施行，其修正部份為 署令轉奉務
総務組內添設文書，出納，事務三股，增加購置組 軍字第1688及
員額，擴充駐株辦事處組織，人事，配備，除工 2303兩號部令先
務，會計，購置三組主任仍舊外，改派孫震為 後核准備案
総務組主任，梁文瀚為土木組主任，設計組主任
一職，由處長暫兼，

八 十九 對倭抗戰事起，砲技處奉 命由京遷移，其地址 奉 署造(26)甲
由處視各組業務之相關，自行決定，以設計組與 字第5103號指
漢陽砲廠關係最切，全部遷漢，工務組一部遷 令照辦

漢、一部遷長沙、土木組全部遷株、以便督建株廠工程、其餘各組人員、均遷長沙、并酌派職員留京、辦理未了事宜

九 三 砲技處遷移長沙一部份職員、本日到達、租定辦公地點、（長沙大東茅巷六十號）繼續工作、

十一 五 砲技處留駐長沙一部份職員、移株洲董家塅廠內辦公、

十一 八 關於株廠建設各批工程、經呈 署轉奉 部令核准、訂立承包合同者、有槍彈廠、動力廠及材料總庫、依合同所定完工期限、槍彈廠

0038

材料總庫爲二十七年四月，其餘未訂立合同之各批工程，原擬在本年十月內悉數招標訂定，預計二十七年夏秋之交全部完工，自全面抗戰發動，材料進口不易，原定步驟，頗受影響，經將上項情形，報 署請示，奉 署長馬急西代電核覆，除迅速完成槍彈廠外，餘各工程，暫緩進行。

十一 十一 撤銷駐株辦事處，人員分别歸併。 奉漢造(27)字第2309號 署令備案

二七 一 二七 砲技處原定自行籌造新砲計劃，因受戰時影響，國內無法開展，擬向歐洲繼續製造，俾 此件係奉 署長就原簽上

		免中斷，爰造具預算簽請署長核准，準備出國應行具備一切手續。	親批「照准」
三	一	砲技處處長莊權，學技術員陳喜棠、孟繼炎、蘇知檢、王澤隆、呂則仁等首途赴歐監造新砲，處務并派龔積成代理。	漢造字第1286號署令備案
四	十一	砲技處代理處長龔積成，署令辭職，改派砲技處工務組主任榮泉馨兼代。	署漢造(27)字第2073號訓令
五	一	株洲臨時槍彈廠正式開工，日出槍彈四萬粒，供應抗戰急需。	呈奉湘技(27)甲字第0791號署令備查
五	十三	規劃株廠蓄水設備，加徵董家塅附近連	奉渝造(27)乙字

040

月	日	事由	備考
		科撥民地四十九市畝，發給地價弍千零七十四元八角七分。	第1339號署令備案
六	一	砲技處株廠機器，奉令遷渝，另行在渝籌備建廠，經派員組設重慶辦事處，負責籌備建廠事宜。	署漢造字第1489號電令
六	六	砲技處所屬漢陽砲廠，簽准移沅陵，機料三千餘噸起運離漢，員工三百餘隨同轉移。	此件係奉署長鈞座簽上親批「照准」
六	十一	株洲臨時槍彈廠，遵令停造成品繳解武昌第四軍械庫，機器全部運渝。	奉署造鄂漢徵電及造丙漢灰電飭辦。

041

月	日	事由	備考
六	二八	勘定重慶江北忠恕沱為渝廠廠址，徵地約一千五百市畝，獲放地價壹拾壹萬六千五百九十四元五角六分，款由渝廠建築專款內支報。	奉渝造（28）丙字第1867及7228兩號署令備案
七	三	砲技處所管一部份造砲機件及動力機件，遵照署令移交第五十工廠（即前廣東琶江兵工廠），分別在株洲、岳陽兩地交接清楚。	渝造（28）丙字第7225號署令備案
七	七	砲技處自株起運牲重慶之機件，奉署造漢陽電轉奉委員長諭，限七月底運出宜昌，遵即督同所屬人員，星夜趕運。	
七	二七	砲技處遷設重心，今後移轉重慶，署令結	渾造（27）字第

月	日	事項	備考
		東株廠籌備工作，即遷重慶辦公。	4758號署令飭辦
八	十五	砲技處處長莊權在歐與匈牙利國立鋼鐵廠簽訂造砲合同，并親率技術人員入駐該廠，主持有關火砲之設計、檢驗、監造及材料登記、圖樣保管、射擊試驗等事宜。	
八	十八	砲技處全部職員，由株向重慶遷移，株廠另設董家壩留守處，守護廠地，保管材物，并擬具該處編制預算，呈准施行。	渝造(27)乙字第1941號署令備案
八	二三	敵機轟炸株廠，廠房倉庫被燬。	損失數量列表呈奉渝造(28)甲字第1439號署令備案
九	五	砲技處所屬漢陽砲廠運出機件料、到達桃源。	

043

呈准暫在該縣搭建臨時廠房，安裝機器，恢復工作。

九 十二 砲技處全部遷抵重慶，就駐渝辦事處原址開始辦公，該處結束。

九 十三 砲技處西運機料三千餘噸，陸續抵渝，其中關於槍彈機全部，遵照 署令（漢造(27)字第二五〇一號）移歸二十五工廠籌備處接收。

九 十八 渝砲廠辦公房屋建築完工，砲技處正式遷入忠恕沱廠地。以二公分及三·七公分步兵砲等為主要出品

0044

十	四	渝砲廠彈頭所房屋建築開工
十	五	渝砲廠銅殼所材料庫建築開工
十	十一	渝砲廠銅殼所建築開工
十	十六	渝砲廠引信所建築開工
十	二七	渝砲廠工具所建築開工
十一	六	渝砲廠木工所建築開工
十一	十二	渝砲廠混合室建築開工
十一	十八	渝砲廠冷却室建築開工
十一	十九	渝砲廠磨粉室試驗室建築開工
十一	二〇	渝砲廠精裝室、烘房、壓藥室、鍋爐房、節藥

			室房、壓藥房、篩粉室、包裝室、延藥室、藥夾裝室等各部房屋建築，同日開工。
	十一	二一	渝砲廠〔於江北廠前之〕存藥室、裝壓室、裝配室、截斷室等各部房屋建築，同日開工。
	十一	二六	敵機襲桃源，砲技處移駐該縣開工之漢陽砲廠被炸，燬庫房機料頗鉅。
	十二	十	砲技處所屬漢陽砲廠復由桃源遷沅陵，成立修械工場，繼續担任修砲工作。
二八	一	一	渝砲廠籌備復工，關於會計處理，另行以基金劃分，設置製造經費帳戶，建設經費帳

046

广、依普通公務會計規程辦理、

一　十　渝砲廠火藥庫成品庫等房屋興工建築

二　十五　砲技處所屬漢砲廠第一分廠，由衡遷桂，專任　渝造(28)甲字

前綫火砲修理工作，惟因漢陽砲廠遠隔沅陵，第821號署

為便利節制起見，遵照署令，將該分廠改令

為砲技處桂林修砲廠，即以該分廠原主管

員沈莘耕派充主任，改隸成立。

四　一　渝砲廠主要廠房大部建築完工，開始安裝

機器，在材料未到齊以前，遵令先行壓製

梯恩梯藥包，以利用機力。

C 047

四	二八	砲技處向外訂購造兵材料，原定香港進口，自廣州撤守，改道仰光輸入，為謀轉運迅速，設駐昆辦事處，專司其事。	
五	一	渝砲廠龍坊棚間興工建築	
六	一	砲技處編制，歸曾經一度修正，但以其歷時已久，組織與業務不甚適用，爰再局部予以修正，呈署轉奉 部令核准，自本日起施行，此次修正部份與二十六年六月修正編制所不同者，(一)為將原設總務、土木、工務、設計、會計、購置六組，改為總務、工務、會計、土木、購置五組，(二)	奉渝造(28)甲字第5481號署令務奉渝務渝字第5603號部令備案

048

六十

為裁併駐漢辦事處並將董家墩留守處納入編制內，(三)為會計組增設簿記、審計，成本計務三課，(四)為擴編警衛排為警衛隊，各單位主要人員，除工務、會計兩組主任仍舊外，改派盧漢璆為總務組主任，陳延曾為土木組主任，王思濂為購置組主任，砲技處駐沅陵漢砲廠，茲奉署令，就近歸併辰谿第一工廠，并仰造冊移交清楚，又桂林修砲廠亦遵令改隸由署直轄，[illegible]

渝造(28)甲字第4498號署令

元	一	八	首批方形梯恩梯藥包壓製成功并開始試造擲槍器具
	三	二三	部派春季檢視官蒞廠檢視
	四	二六	砲技處處長莊權在歐監造新砲完成、取道海防返國回處照常視事、
	六	十四	砲技處在國外所購重要機料、因受運輸限制尚留滯昆明臘戍仰光等地、致使主要製造、無從着手、兼以滇緬戰事日趨緊張、益處情勢轉變、輸入更感不易、處長莊權特于本日首途赴滇、親至緬甸仰光一帶

有呈

050

處理搶運事宜，所有滯留各該地機料兩千餘噸均提取運渝，自是製造始克開工。

七 一　關於砲技處一切會計處理，自本日起改依兵工會計規程草案試行。

九 二〇　砲技處以渝砲廠籌建已成，業務漸入製造階段，而歷次修正之編制，內容與各廠籌備時期之組織相似，運用不靈，窒礙實多，爰函予以修正，使具粗具一正式之廠型，以配合業務，呈准自本日起實施，此次修正編制，除仍設總務、工務、會計、土木、購置五組外，添設　渝務字第26690號部令備案

051

一職工福利組，派程嘉屋為主任，又添設

廠長辦公廳置主任秘書一人，派唐　堅充任，土木組主任改任胡兆瑛，購置組主任改任陳喜棠，其餘各組主任仍舊。

十二一　興工建築渝砲廠動力廠房

十二終　自年底止，計出品：方形梯恩梯葯包四一三、〇〇〇個，擲槍器具二、六〇〇套，六號雷管五〇、〇〇〇個，八號雷管二三六、〇〇〇個，十號雷管一一、四〇〇個。（餘略）

△　第十工廠時代

三〇一一　砲技處奉　令結束，就其遷建之渝砲廠改

奉渝造(30)字第

052

月	日	事由	備考
		組為第十工廠、仍任莊權為廠長、本日改組成立、惟在新編制未奉 核頒以前暫行適用二十九年九月間修正之前砲技處編制、	7952號署令轉奉務渝軍字第57973號部令備案
一	十二	軍政部部長何應欽蒞廠巡視	
一	二三	緬甸代表Mr. nicolson蒞廠參觀	
二	二三	本廠滌工間興工修築	
三	二八	本廠廠區地屬丘陵、依山建築、隙地甚少、茲因業務急速進展、增建庫房、廠區實有擴充必要、擬將毗連廠境東南之七孔寺及西北之瓦廠嘴、兩處民地、呈准徵收應用、奉渝造(卅)丙字第	奉渝造(卅)丙字第3457號令飭與渝需丁(卅)營字第1648

四五七號署令轉奉渝需丁(卅)營字第一六九八號部令呈奉行政院壹勇字第三四二一號指令核准，由四川省政府依法公告徵收，并特許先行進入被徵地內實施工作，計實徵地總面積一七八、〇七五市畝，發放價款二十六萬三千八百四十九元弍角弍分，由本廠三十一年度建設費內開支，復呈奉渝造(31)兩字第〇一二四一二號署令轉奉渝需丁(31)建字第一〇九八三號部令備案。

號部令呈奉行政院壹勇字第3421號指令核准，飭由四川省政府依法公告徵收

054

四四　首批蕤羅通二公分曳光榴彈一千四百發試造成功，本廠主要出品自此始，按此項榴彈之曳光部份，過去蘇式，先將發光劑壓入銅管，再將銅管裝入彈尾孔，其於銅管使用極不經濟，本廠研究改良，可使原料節省，傳火確實，曳光體在飛行中不致分層脫落，此為製造上項砲彈改良之優點。

四二二　美總統羅斯福代表居里博士莅廠參觀。

月	日	記事	備考
五		本廠山洞建築大部完成，彈頭工具兩所機器遷入洞內安裝，藉資隱蔽安全	
六	十五	本廠鍛工間開工建築	
六	二四	本廠山洞建築一部完成，彈頭兩所機器遷裝入洞內，藉資	
六	二四	首批圓形棒恩棒藥包試造成功 安全	
六	二四	蘇聯駐華大使館武官別涅科夫蒞廠參觀	
七	一	本廠編制核定，本日起實行，內部組織，廠長之下，設辦公廳、工務、職工福利、會計三處，土木工程、購置、統計三課（科），以曾克家任辦公廳主任秘書，葉泉馨任工務處長，趙英達任	編制係奉渝造甲（30）字第10066號署令轉奉渝務

056

福利處長，張家傑任會計處長，朱朝琛任土木科長（現改派蔣蔭松）王汝琛任購置科長（現改派陳志靜）統計科長一職，由工程師吳增耆兼任（現改派郭孝同）辦公廳設秘書室（内分文書，人事，檔案三股）事務課，出納課，成品庫，稽查室，警衛大隊（轄三個中隊一消防隊）工務處設工程師室，作業，檢驗，工政三課，一材料庫，十個製造所（包括銅殼，彈頭，引信，壓製，光劇，裝配，工具，木工，水電等）福利處設事業，

年字第41483 歸部令核准 備案，

訓育兩課、醫院農場各一，另附子弟小學。會計處設簿記、審計、薪工計核、成本計核四課，土木、購置統計三科，不另設層級。總計全廠官佐三四四至三七六員，士兵三九一名。

七　五　首批蘇羅通二公分曳光彈試造成功

七　十一　本廠工具所擬盡遷入洞內安裝

七　二三　首批蘇羅通二公分榴彈五千發試造成功。此項榴彈之離心子料一項，原非國內所有，自來源斷絕，本廠使用種種方法研究自製，始克有成，質料直與舶來

須簡括　056

		品等。	
八	十七	開工建築甲乙兩種火藥庫房	
九	一	本廠鑒於戰時物價遞漲，特依法組織消費合作社，定量配售生活日用必需品，安定職工生活，其配售專價，每六個月調整一次，在此期限內，市面物價雖漲，本廠則保持原定價格，使職工生活不受物價反應之刺激，而影響其工作效率。	經檢同合作社章程及創立會議紀錄呈奉署渝造(刃)甲字第5094號指令准予備案
十二	五	美國軍事代表團蒞廠參觀	

每項目每一行

059

十二 終 自年底止出品蘇羅通二公分曳光榴彈一六
二、七一八發，蘇羅通二公分榴彈二〇、一
四九發，蘇羅通二公分榴彈六一、七八六發、
擲榴器具六六、四〇〇隻，方形梯恩梯藥
包九〇、〇二六個，八號雷管一六七、二一〇枚，
十號雷管二七、五三四枚，七五傳爆管二四
、七七七個，一式火帽一〇、〇〇〇個，二式火帽
五、〇〇〇個（餘略）

三一一 十二 興工建築電力馬達房

三 十五 本廠辦公廳主任秘書曾克家因病辭

060

職，調派會計處處長張家傑接充所遺會計處長職務，派該處專員郭彥同代理。

三 二一 四五信三、七榴彈碰炸引信試造成功。

四 三〇 首批歐力根二公分榴彈試造成功

五 十八 署令籌造六公分迫擊砲與砲彈及信號彈三種兵器。按本廠原為製造二公分與三、七砲彈之專廠，所用材料，因其精製關係，向由國外供給，自海運封鎖，來源斷絕，前次搶運之存料，歷時兩載，亦復行將用罄，而原有機器除一部份留供原額出品製造外，其餘均須重行改裝，配備工場，以為製造新出品之準備。且須酌予添購，以補不足。廠長莊權鑒於新舊製造，必須應同時并籌，為謀機料補充起見，特於本日率秘書沈克俊再度赴滇，向昆明署屬各庫選配機料三千噸，暫同運渝，以資補充，使新舊出品，得以銜接製造。

五　十九　首批蘇羅通三、七公分榴弾試造成功。

六　二三　首批圖形梯恩梯藥包壓製成功。

八　十三　軍政部錢次長大鈞莅廠視察

062

十	六	美共和黨領袖羅斯福總統特別代表威爾基先生蒞廠參觀
十	三	興工增築翻砂廠及機器廠房
十一	十八	英國議員訪華團一行四人蒞廠參觀
十二	二	興工增築庫房兩座
十二	十五	首批蘇羅通三·七公分破甲彈試造成功按本廠試造此種砲彈，其間曾加以根本之改革，因照德國原設計圖樣，鑽鋼質引信體之點九公厘保險梢孔，消耗鑽頭甚多，夾頭亦不準確，而其引信體與彈體間原用之

全前

0063

紫銅密圈，當彈擊中鋼板時，又因衝擊力
太大，密圈太軟，受力壓縮，損壞螺綫，容
易引起膛炸，在構造本身上確不健全。本
廠研究改進，幾經試驗，幸告成功，故本廠
所造之上項破甲彈，較德國式為安全，而
其穿擊鋼板之威力，亦較德國式強。

十二終 自年底止共出品蘇羅通二公分榴彈一一七
，一二九發，蘇羅通二公分曳光榴彈六〇，
二五九發，蘇羅通二公分曳光彈二五，〇〇〇
發，蘇羅通三．七公分榴彈三五，〇一六

0064

䅫，蘇羅通三·七公分破甲彈四十䅫、歐力根二公分榴彈五〇·五二五䅫、方形梯恩梯葯包二二、三五〇個、圓形梯恩梯葯包一〇·〇〇〇個、擦槍器具五一、〇〇〇套、八號雷管三二〇·〇四四枚、（餘略）

核
呈

八卅

軍政部兵工署第十工廠沿革及主要業務報告書

本廠前身為砲兵技術研究處，以籌建株洲兵工廠製造各種新式火砲（內分二公分及三公分七火砲、七公分五野砲、十公分榴彈砲與二公分及三公分七砲彈等類）為主要業務。二十五年四月奉准在京成立，當時砲技處組織設處長一，由署轉請明令簡派莊權充任，下設總務、土木工程、工務、設計、會計、購置六組，以吳肇禎、梁強、榮泉馨、陳世仁、張家傑、張敏慎等分任各組主任。株廠廠址事先已經軍政部勘定湖南株洲董家塅，並呈奉軍事委員會核准。砲技處成立後即奉交管轄。是年九月設駐株辦事處，派梁強兼主任（後改派梁文瀚），負株廠一切土木工程實施推動之責。十月奉令接管漢陽兵工廠所屬砲廠，又設駐漢辦事處，派陸君和（後改派趙達）主其事。二十六年一月遣龔積成、蔡其煜、張家驥等赴德接收製砲機器，考察製造技術。八月中日戰起，砲技

0091

處奉　令由京遷株，駐株辦事處結束，在漢人員仍留其地，董理新砲設計事宜，而株廠籌備工作，如徵地測量，整理土方，修築道路，設計廠屋圖樣，已於是時次第完成，進入工程實施階段，砲技處原有編制不盡適用，乃呈　准修改（人員除工務，會計，購置三組主任仍舊外，改派徐震為總務組主任，梁文灝為土木組主任，設計組主任一職由處長暫兼），時抗戰方殷，急需械彈補給，砲技處在株趕建臨時廠房，安裝機器（其中一部份舊槍彈機係接收鞏廠所移交者，一部份係由處在滬購運到株者），於二十七年五月開工，日出槍彈四萬粒，接濟前方，詎因戰局逆轉，株洲臨時槍彈廠，奉　令停造，機器全部遷渝，另籌建廠，於是株廠一切建築亦遂中止進行，而莊處長奉　令赴歐，監造自行設計之新砲，（處務初派龔積成代副，奉　署令改派柴泉聲兼任）自是砲技

0092

處工作重心轉而移入籌建渝廠之另一途徑，七月開始由株西遷，八月抵渝，株洲基地另置董家墩留守處，以蔣積派充主任（後改派吳傑）負廠房財物保管之責。至駐漢辦事處因武漢告急，奉令率同漢陽砲廠遷湖南桃源，九月抵其地，十一月復因湘北戰局緊張，再遷沅陵，成立臨時修械工場（即該漢砲廠）

所屬第一分廠則於翌年二月由廠遷桂，遵令改為砲技處桂林修砲廠（即該分廠原主管員沈莘耕派充主任，十月改由兵工署直屬管轄，遷駐[illegible]）

之漢陽砲廠，翌年夏亦同時遵令歸併辰谿第一工廠，駐漢辦事處名稱亦即撤銷，又漢砲廠第一分廠，並非作桂林為任前線火砲修理工作，為便利節制起見，於二十八年二月遵令改屬桂林修砲廠，本年四月遷隸屬砲技處，派沈莘耕為主任，至同年六月奉令改由兵工署直轄（即今之四三廠）

方砲技處之由株遷渝也，所有槍彈機器奉令移交第二十五工廠籌備處接管，製砲機器及動力機器，移交廣東琶江兵工廠（即今之五十廠）接管，而其本身則另勘渝郊江北忠恕沱為遷建廠址，縮小範圍，主造二公分及三公分

總字1-2號
2000頁 1.10.26

七砲彈，即今之廠址也。開始建設於二十七年六月，主要廠屋大部完工於二十八年四月。是時機器多已安裝，惟精製材料滯留越緬、昆明等地，無法開工。爲利用機器人力，奉 准壓製梯恩梯藥包。同時鑒於砲技處編制，并能配合業務進展，復呈 准局部修正，於同年六月份起施行。其與二十六年六月修正編制所不同者：（一）爲裁併設計組，（二）爲會計組分設簿記、審計、成本會計三課，（三）爲納董家壩留守處於編制內，（四）爲擴編警衛排爲警衛隊。各部份主管員除工務、會計兩組主任仍舊外，改派盧漢璆爲總務組主任，陳延曾爲土木組主任，王恩濂爲購置組主任。二十九年四月，莊處長公畢自歐返國回處，未半月親赴滇緬一帶，將滯留各該地機料，自行租車內輸至渝，并於同年九月再度修正編制，使其粗具廠型，健全機構，開工製造，計此次修正部份，除仍設總務，工務，會計，土木，購置五組外，增設一職工福利組，派程嘉屋爲主任，掌理全廠職工福利事業，從籌辦生活必需品之供應着手，藉以逐漸安定職工生活，使其少受物價劇烈波動之影響，往後數年來所以能保持工作效率，開展業務，此實爲重要關鍵之一，又添設廠長辦公廳，置主任秘書一員，派唐堅充任，至土木組主任則改任胡兆瑛，購置組主任改任陳喜棠，其餘各組主任仍舊。三十年元旦奉令結束砲技處，就其遷建之渝廠改稱第十工廠，廠長一職，署令仍簡莊權接充，在新編制未奉核定以前，暫准適用二十九年九月修正之前砲技處編制。自是以往，本廠主要業務，則專致力於二公分及三公分七砲彈之製造，而以壓製梯恩梯藥包，製造各式雷管及擦槍器具爲其次要出品也。七月新編制核下，即自該月一日起施行。内部組織，廠長下設辦公廳一、工務、職工福利、會計三處，土木工程、購置、統計三科。以曾克家任辦公廳主任秘書，榮泉馨任工務處長，趙英達任福利處長，張家傑任會計處長，朱朝琍任土木科長（現改派薛蔭松），王汝琍任購置科長（現改派陳志靜），統計科長一職，初派工程師吴增耆兼，既而改任工程師周修齊兼代（因吴去職）。周去職後，今已改任會郭孝同兼任。三十一年三月，辦公廳主任秘書曾克家辭職，調派會計處長張家傑接充，所遺會計處長職務，派該處專員郭孝同代理（三十二年七月廿任），同年夏，奉令籌造六公分迫擊砲及迫擊砲彈與信號彈三種不同性質之兵器，本廠主要業務，至是又謀轉移。蓋前已言之，本廠原為製造二公分及三、七砲彈之專廠，材料供自國外，因海運封鎖，來源斷絕，庫儲行將用罄，而原有機器，除一部份留供原額出品製造外，其餘咸須改裝配備工場，以為製造新出品之準備，且須酌予添購，以補不足。廠長莊權鑒於新舊製造必須同時并籌，特於是年五月再度赴滇，向昆明署屬各庫選配材料，運回三千餘噸，以資補給，故自三十一年夏迄三十二年冬，此年半以來之本廠主要工作，為一面製造舊品（二公分與三·七砲彈等），一面試造新品（六公分迫砲及彈與信號彈等）之過渡時期，三十三年元月份起，則專力從事於新品之製造矣。

附本廠組織系統表

兵工署第十工厂一九四三年大事记（一九四四年八月）

0 0 0071 0

核呈

軍政部兵工署第十工廠三十二年大事記

年	月	日	大事紀要	備攷
三二	一	十一	開工建築301A擴充廠房、211半成品庫、第三號配水池、四、五兩號水塔及64A倉庫等項工程	
	一	十二	二十吋鋸條、一公厘麻花鑽、及螺絲輥刀等工具、本廠研究自製、均告成功、	
	一	十五	關於會計方面、詳細劃分費用帳、以為舉辦預算統制之張本、	
	一	十七	開工建築熔鐵爐房	
	一	十八	軍政部駐蘇川粮秣處派員來廠點驗軍粮	

一	二九	國防研究院研究員四十五員蒞廠參觀
二	一	擴三洞襯砌工程興工建築
二	十二	建築上孔寺涵洞
二	十五	興建出納課辦公室
二	十六	三民主義青年團青幹班學員二百八十餘名蒞廠參觀
二	二一	試放本廠試造成功之第一門六公分迫擊砲
三	一	修正員工眷米代金發放辦法，俾與員工薪工同時發放，簡化手續
三	五	建築加高沙濾池

10 073

三	七	興建洗壳廠房
三	九	第一、二、三、四等號木橋，興工建築
三	十四	興建彈頭所堡坎
三	十八	軍政部監驗委員會派第三組組長陳復孚監驗員蒞廠監驗
三	廿六	中央訓練團黨政高級班受訓學員一百一十員相率來廠參觀
四	一	修正職員借支薪給暫行辦法公布施行 駐川糧秣處二次派員來廠監驗軍糧
四	六	公布本廠員工實施節約辦法，俾共信守，以

節派員、

四十 建築危險品庫

四十六 本廠自動機需用之油眼鑽頭，設法自造成功、

四二二 蘇式二公分及三公分七砲彈底火與第二式，二十一式火帽之工作之安全性，本廠研究改良，均告成功、

四二六 重慶衛戍總司令部防空監視團派員來廠，檢閱防空演習

五一 本廠直第十區分部奉 令改組為兵工署特別黨部直屬第四區黨部於本日正式成立

訂定醫院處理藥物收發及計費會計事務暫行辦法，公布施行，俾便管理藥物，而患病職工之領用藥品者，亦改為記帳收費，以便考查、

五 五 興建本廠忠烈堂（就材料庫原有空屋改建）作全體員工集會講學及婚禮舉行之所、

五 十五 首批電氣雷管試造成功

五 二一 空軍機械學校高級班軍械組學員來廠參觀

五 二六 第七號防空洞工程興工建築

五 二七 本廠子弟學校甲一乙一丙一丁等種教室建築完工.

月	日	事項
六	四	蔴藍噴漆廠房、鑄銅廠房、第五所庫房及第八所堡坎等工程，興工建築。
六	十	51甲A-B-C各種職員住宅，建築完成。
六	二五	興建三所木工房
六	二六	調整下半年度工資，規定工資等級及工人進級標準，公告自七月份起施行。
七	一	改訂辦公用品領用辦法，將前每三個月領用之預算制，改為每月定量分配制，填發領用證，憑證領物，不得超過，以示限制。
七	二三	修建七孔寺庫房山洞

0077

七	二三	修建七所擴充廠房工程
七	二四	訂定公有財物損毀賠償辦法，公告實施以重公物。
七	二七	48A甲-乙-丙-丁-戊-己等種職員住宅建築完工。
七	二九	52甲A-B-C-D等種工人住宅建築完成。
八	十六	訂定本廠職工補習教育實施計畫大綱，公告試辦，以增進職工智能。
八	二一	正式成立成品庫，任郭品璋為庫長
八	二七	公布工務處工人賞工辦法，規定出品數量、概

以分數計標，每種出品計分之多寡，視其施工之難易，以作賞工之標準。

八	三〇	興建三所烘爐房
九	一	公布補助職工子女教育費暫行辦法，凡服務本廠職工子女在國立中等學校或中等以上學校肄業者，均可依據本辦法申請費用補助，以減輕職工之教育經費負担。 修正工人借支工資辦法，公布施行，前頒之現行工人借支工資辦法廢止。
九	九	訂定新進工友訓練綱要及實施辦法，公布施

	行，使新進工友接受嚴格訓練，維護優良廠風，增强生產效率。
九十	派員赴遂寧接收新兵一百九十一名，於本月抵廠入伍，編隊訓練。
九十五	修建808廠房加間工程及擴三洞土方剷坡
九二一	修建翻砂廠堡坎
十八	軍事委員會派檢視官謝珂等蒞廠舉行秋季檢視
十十	美國機械工程師學會副會長伊頓教授蒞廠講演

十 二三 開辦英語補習班，定每日清晨授課，俾職員於不妨礙工作中，得有進修英語之機會。

十一 二一 807廠房加寬工程及809打鐵間工程，開工修建。

十一 二五 興築301E第二所烘洗間

十二 一 建築405滾沙模房及405甲擴充熔鐵爐房

十二 一九 擴充本廠子弟學校禮堂，修建完工

十二 二〇 本廠研究改良六公分迫砲彈引信之設計及試造，均告成功。

十二 二二 兵工署俞署長大維偕白幫辦觀圭於本日

9

該廠試放迫擊砲、

十三 自年底止共出品：

終 六公分迫砲彈二萬五千發

蘇羅通三、七公分破甲彈八萬五千發

蘇羅通三、七公分榴彈七萬五千發

蘇羅通二公分曳光榴彈五千發

蘇羅通二公分榴彈七千發

蘇羅通二公分曳光彈四千發

歐力根二公分榴彈四千發

歐力根二公分曳光榴彈三萬發

信號槍彈四萬零一百五十發
擦槍器具五萬零二十套
信號槍彈銅殼一千個
信號槍彈底火一千個
梯恩梯方形藥包九萬八千零九枚
第二式火帽九萬二千四百六十枚
八號電信雷管二萬四千枚
八號雷管一十七萬六千枚
七五信爆管套二萬零五百五十枚
七五信爆管帽二萬零五百五十枚

七五传爆管小钢壳三万枚
七五传爆管钢圈三万枚
十五公分迫炮弹传爆药柱五千枚
（馀略）

122

核呈

第十工廠三十三年大事記

月	日	大事紀要	備攷
一	一	公布全廠員工第五期（自本月一日起至六月底止）生活必需品定價定量分配辦法安定員工生活	
	同日	開始盤查上年度庫儲材料	
二	二	上年度庫儲材料盤查完畢與會計處材料帳核對符合由該處成本課登記本年度材料明細分類帳	
	二二	第四所改良三五式引信火帽圓筒	

三四、一、廿九
下午三時

123

设計

二三 修訂本廠撥料辦法公布施行

三 一 工務處第六所業務歸併第五所六所

所長張世權以原職調工務處服務）

五 第五所改良6cm迫彈傳爆管蓋帽與

管壳間技術設計

十五 第二所改進三·七破甲彈彈體製造

技術

十八 部派點驗委員莅廠點驗

醫院隔離病室建築完工

署渝造(33)丙字第〇六三八五號指令核准驗收

124

此項办法包括合作社帳務處理是否編入請核示
不必註明 六廿

二〇	制定本廠職工福利津貼統計方案公布施行	
二一	制定本廠福利附屬事業經費現金出納程序及會計單據表冊處理辦法公布施行	
二二	制定人事統計方案公布施行	
二四	中央訓練團高級班受訓學員二十餘人蒞廠參觀	
二七	405甲機器廠房添建閣樓工程完工	署渝(35)丙字第〇六九四五號指令核准驗收
三〇	發電機底腳工程建築完工	同右

125

四 七 改組本廠防護團派主任秘書張家傑兼團長代理工務處長王思濂兼副團長

二一 四十集團軍副總司令馬步青氏蒞廠參觀

二四 中國農學會會員五十人蒞廠參觀福利設備

五 一 工程師兼作業課長蔡其恕免除兼職調回工程師室服務另任葉昭浩為作業課長

0 0 06 126

同日 工程師兼第八所所長孟繼奕免除兼職調四工程師室服務另任朱寶鈺為第八所所長

同日 成立迫砲所任沈培孫為所長

同日 第一所改良蘇式三七銅壳毛口製造方法每日產量由五百枚增至五千枚節省人力十倍

三 訂定本廠各部份支用款項收獲財物結報期限公布施行

五 本廠工務處代理處長王思濂調任二

		十七廠工務處長遺職由廠長暫兼	
	同日	工程師周修齊辭職所遺研究室事務派所長張世權接辦	
	同日	本廠忠恕月刊創刊號出版	
	同日	核發員工申請子女教育費助費十一萬餘元	
	二四	泥心烘爐及附屬工程修建完工	署渝(33)丙字第一三一五九號指令核准驗收
	二八	建築第八所翻砂間導煙牆工程竣工	署渝(33)丙字第一一二八八號指令核准驗收
六	五	第三所改良車彈方法月由二萬發增至四萬餘發效率提高一倍	

九　第十兩柴油發電機安裝完竣本日起開始發電（以後渝市電廠停電時本廠電力可部份自給）

十四　福利處醫院院長馬詒綬辭職改聘胡成儒繼任

二　公布全廠員工第六期生活必需品定價定量分配辦法自七月一日起實施至十二月終止除油煤兩項免費外餘照上期單價供應穩定物價

七　一　會計處釐定結帳時期轉帳程序

0129

八	三	修正本廠証章管理規則公布施行前頒之証章符號管理規則同日廢止
	十一	修正本廠單表印製管理辦法公布施行
	二五	擬具本廠三十四年度出品計畫呈核
	二	第五所研究6.Cm迫彈裝藥對破片與威力曾作一有系統之實驗并改進裝藥以達鉄鑄彈收最大可能之爆炸效果
	十	第二所改良三·七彈彈帶銅圈輾製

月	日	事項	備考
		方法	
九	十四	砲彈水壓室建築完工	署渝(33)丙字第一二八三七號指令核准驗收
	二一	熔T.N.T.火爐房及石墻墻工程建築完工	署渝(33)丙字第二四五四四號指令核准驗收
	二九	擴充機器廠房(甲)工程竣工	署渝(33)丙字第一四五四三號指令核准驗收
	二	改派杜銘然為福利處農場場長	
	十	礱米機房工程開工建築	
	十一	重建翻砂廠堡坎工程竣工	
	十八	第三所土石方整理工程開工	
	同日	重建熔鐵爐房工程完竣	

二六 增建檢驗課廠房工程竣工

二八 擴充機器廠乙工程竣工

三〇 興建第九所批鋸房

十

一 討定本廠工務處工人本年度下期賞工辦法公布施行

同日 福利處處長梁步雲辭職改派該處專員周克功兼代

二 第五所研究迫擊木箱浸化彈體油漆問題獲得妥善解決方法

同日 開工建築第五所大工成品庫

同日	開工建築第五所雷管曳光庫房
四	軍事委員會派遣考核官呂志超等
	蒞廠考核
六	第七所裝箱廠房工程建築開工
同日	開工增建迫砲所廠房
七	滚筒機廠条石堡坎工程修造完竣
十	405丁擴充翻砂廠工程開工
二〇	第七所改進引信盒藥包盒桿製方
	法及封口方法月可節省油漆110公斤
	鉄皮412公斤并較原需工時減少25%

133

	三一	廠以前各年度建設及製造經費截至三十二年
		底止結帳完竣
十二	二	開工建築工程師室
	九	第五所研究6.Cm超迫彈裝藥實驗
		大部完成現已達之爆炸效果可炸
		穿3/8″厚鋼板14±1塊
	二〇	第三所改良6.Cm迫彈翻砂技術計毛胚
		廢品由30%降至5.6%彈帶砂眼由20%
		降至4.5%彈體漏水由25%降至12%
		又化鐵技術亦配合改進鐵炭比例由

炒ㄣ增至8:1平均每日可熔鉄八噸年可
節省焦炭百餘噸
同日 第八所改良一般工具及樣板另件製
造方法延長使用壽命
二八 補修輕便鉄道路基土方及涵洞水溝
工程
三〇 廠各年度經費（建設以前之）截至三十二年
底止經審計部派員來廠查帳完
竣
十二
十三 廢止前頒加工廠房區通行臂章使

日	事項
	用辦法及本廠人員登記照片與底片管理辦法該兩法原適用部份併入証章管理規則修正公布自三十四年一月一日起施行
二一	訂定本廠三十四年度增產計畫
二三	美國標準專家Peck君蒞廠參觀
二七	公布本廠廠籬門管理規則及廠房區門衛管理室管理工人出入實施辦法兩種自三十四年一月一日起施行

0 136

同日 福利處農場收回廠區放佃耕地

二九 戰時生產局外籍專家四人蒞廠參觀

三一 自年終止計出品：

6.cm. 迫擊砲 1,350門

6.cm. 迫擊砲彈 297,500發

6.cm. 填沙彈 13,500發

3.7 破甲彈 44,600發

擦槍器 40,000套

中正式撞針 10,000支

一公斤爆破罐 2,000個

T.N.T. 元藥包 60,100個

137

T.N.T.方药包100個
第一式火帽5,000個
陸地魚雷藥柱2,800個
陸地魚雷有孔藥柱210個
八號雷管12,500個
三七平射空砲彈1,000發
藥柱11,000個
八號電氣雷管2,500個（餘略）

兵工署第十工厂为检送一九四五年一至三月大事记致制造司的笺函（一九四五年六月二十七日）

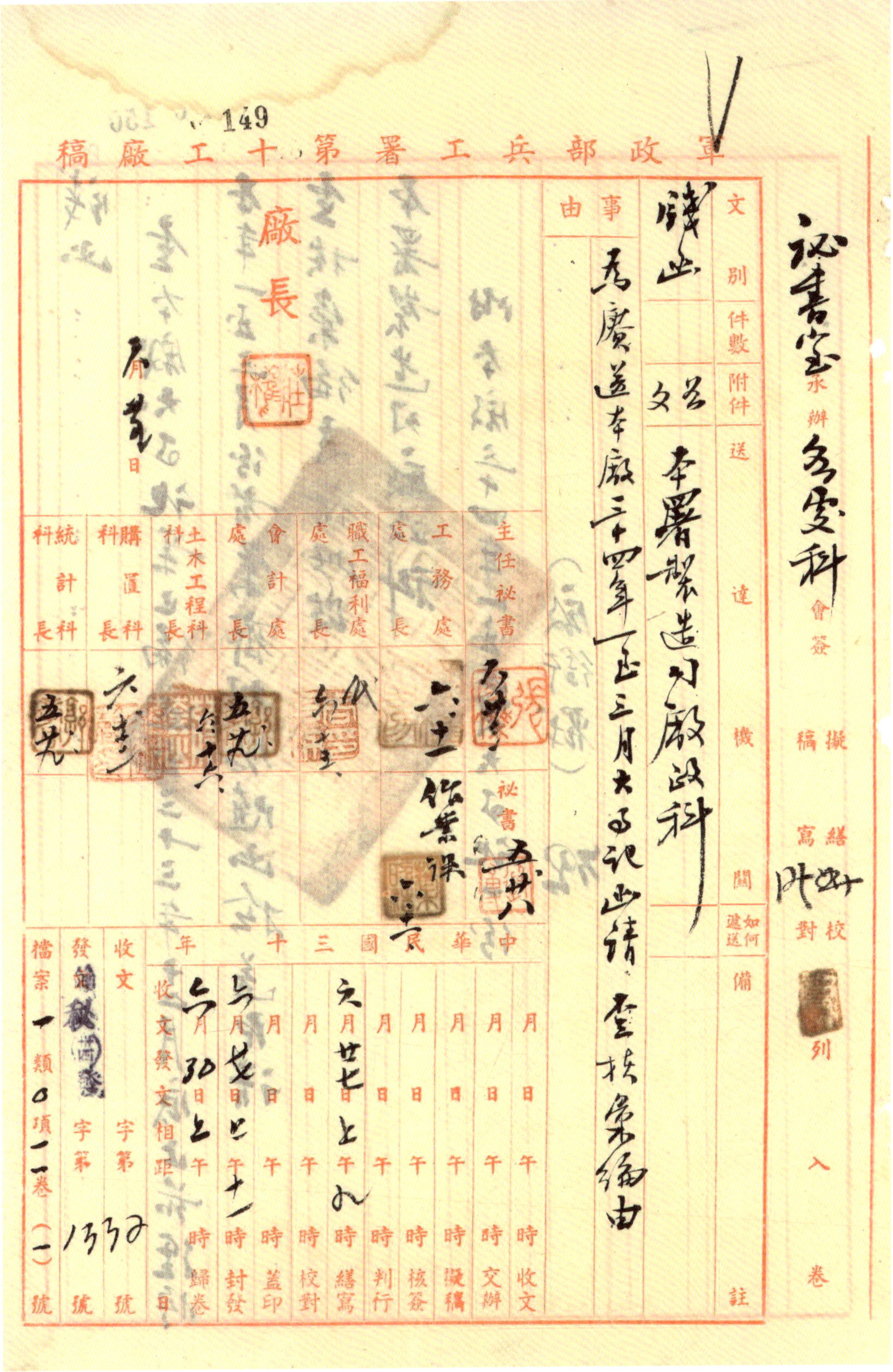

軍政部兵工署第十工廠稿

文別：箋函

件數：

附件：

送達機關：本署製造司廠政科

事由：為檢送本廠三十四年一至三月大事記函請 查核彙編由

廠長

主任秘書　工務處長　職工福利處長　會計處長　土木工程科長　購置科長　統計科長

秘書

擬稿　繕寫　校對　列入　卷

中華民國三十年

收文　擬稿　交辦　核簽　判行　繕寫　校對　蓋印　封發　歸卷　收文發文相距

收文　字第　號

發文　字第1332號

檔案　一類0項一一卷（一）號

箋函

查本廠大事記業已編送至三十三年十二月底止茲經將本年一至三月份者彙齊補編隨函檢送即請

查核彙編為荷此致

本署製造司廠務科

附本廠三十四年一至三月大事記一份

（廠銜戳）啟

核呈

151

第十工廠三十四年一、二、三月大事記

月	日	大事紀要	備考
一	四	公布第七期員工生活必需品定價定量分配表	
	十	為增進員工福利向中國機製煤球社訂購新式手搖（馬達）兩用鐵架煤球機五部 第七所裝藥部改良六公分砲彈引信及藥包盒之製法成功減省人工且效用確實	
	十六	為便利本廠福利處之財務調度及帳務處理以資統籌起見將原隸會計處之綜計股改隸福利處	
	二十	第五所試製另一種鋼件發黑藥水曲成功以為迫砲表尺發黑之用	
	二十二	修理裝場加工部豆腐製造室工程開工	
		修理裝場加工部醬油製造室工程開工	

成立綜計股並未呈報本項是否列入乞示

152

二十三 為配備急需擬訂本廠本年度增產計劃須

計如材料電力供應無問題每月假定工作日數

為二十六日每日十小時按月產量可達六公分迫擊砲

百門六公分迫砲彈六萬發三七彈五千發信號彈

三萬枚擦槍器具五千套

二十七 軋鋼廠棚工程開工

二十九 修訂本廠職員事病假及過失懲處減扣薪

給暫行辦法公布施行

三十一 本廠購置科科長陳志靜調任工程師遺缺以

福利委員會事業課課長金樾聲調任

已奉部卅四人精字第一二四九九號令轉奉軍委會銓(榮)字第5209號批迴照准在案

丁4（172×272公厘）

二　本廠訓育課辦公室工程開工　已奉署指令准交協記營造廠承包

一　本廠第八子弟學校作業室工程開工　全　前

奉月份造繳六公分迫砲彈弍萬發、蘇羅通三七公分破甲彈八千六百發、六公分迫砲塡巾彈六千五百二十發、擲榴器具一千八百套、梯恩梯藥柱一萬一千枚、八號雷管一萬一千

向渝成公司訂購六尺雙桿牙箱式車床拾弍部及八公分鑽床弍部

六　修正工人申請住宅辦法公布施行

修正工人請領眷米辦法公布施行

七　裝場辦公室工程完工

十　第四所原裝山洞內六角車全部遷出裝手引信二部廠房內

十五　軋銅廠棚工程完工

十九　材料庫第一分庫加接廠屋及修理工程完工

二十　工程師室工程完工

丁4（172×272公厘）

9 154

小發電室工程完工

二十一 修訂國營資產登記存用修理辦法公布施行

二十二 第五所試製之硝基鉛崇信鉛成功（Lead trinitroresorcinate 氮化鉛起爆）

（庸設用炸藥）

二十三 修繕廠內輕便鐵道工程完工

二十四 趙迺琥及陣參加於五十廠举行之國造兵器表演

二十七 開羅發利訂購四面金口刨板機壹部

二十八 本月份生繳積六公分迫砲彈叁萬貳千發撥於宗呈與二三千六公斤炸藥鐘式千箇（六公分迫击砲式百門）

三

二 修訂子女教育補助辦法公布施行

四 修理林農場加工部豆腐製造室工程完工

五 修理林農場加工部醬油製造室工程完工（為壕充工眷宿舍）

九 廠外租用民房第一、二、三、四、五批修理工程同日開工

十二 大石壩砲房工程開工

十五 成品庫辦公室及庫房工程開工

十九 第五所試製氮化鉛成功（Lead azide）

軍委會防空團第一組趙等十人蒞廠指閱防空演習

丁4（172×272公厘）

155

二十　第八子弟小學教室工程完工

裝麵室工程開工

二十二　軍委會政治部政工業務研究班高級組譚子琦、范永年等二十九人來廠參觀

二十三　修訂材料辦公用品請領辦法公布施行

二十八　修正外工自料修造品處理暫行辦法公布施行

二十九　廠外租用民房第六批修理工程開工

超迫砲及彈設計試造成功，俞署長來廠[illegible]製造[illegible]來部[illegible]申

三十　美國生產諮華團（Nelson Mission）專家史譜（J.F. Schnur）及斯傳（R. Strang）兩氏來廠參觀並予指導

T4（172×272公厘）

0150

三十一 訓育課辦公室工程完工

本月份造繳六公分迫擊砲捌佰門，六公分迫砲彈叁萬發，擦槍器具肆千套，三七公分破甲練習彈四顆，三七公分描準練習彈四顆，三七公分破甲解剖彈二顆，三七公分破描彈解剖彈二顆

丁4（172×272公厘）

军政部兵工署第十工厂编制表（一九四五年八月）

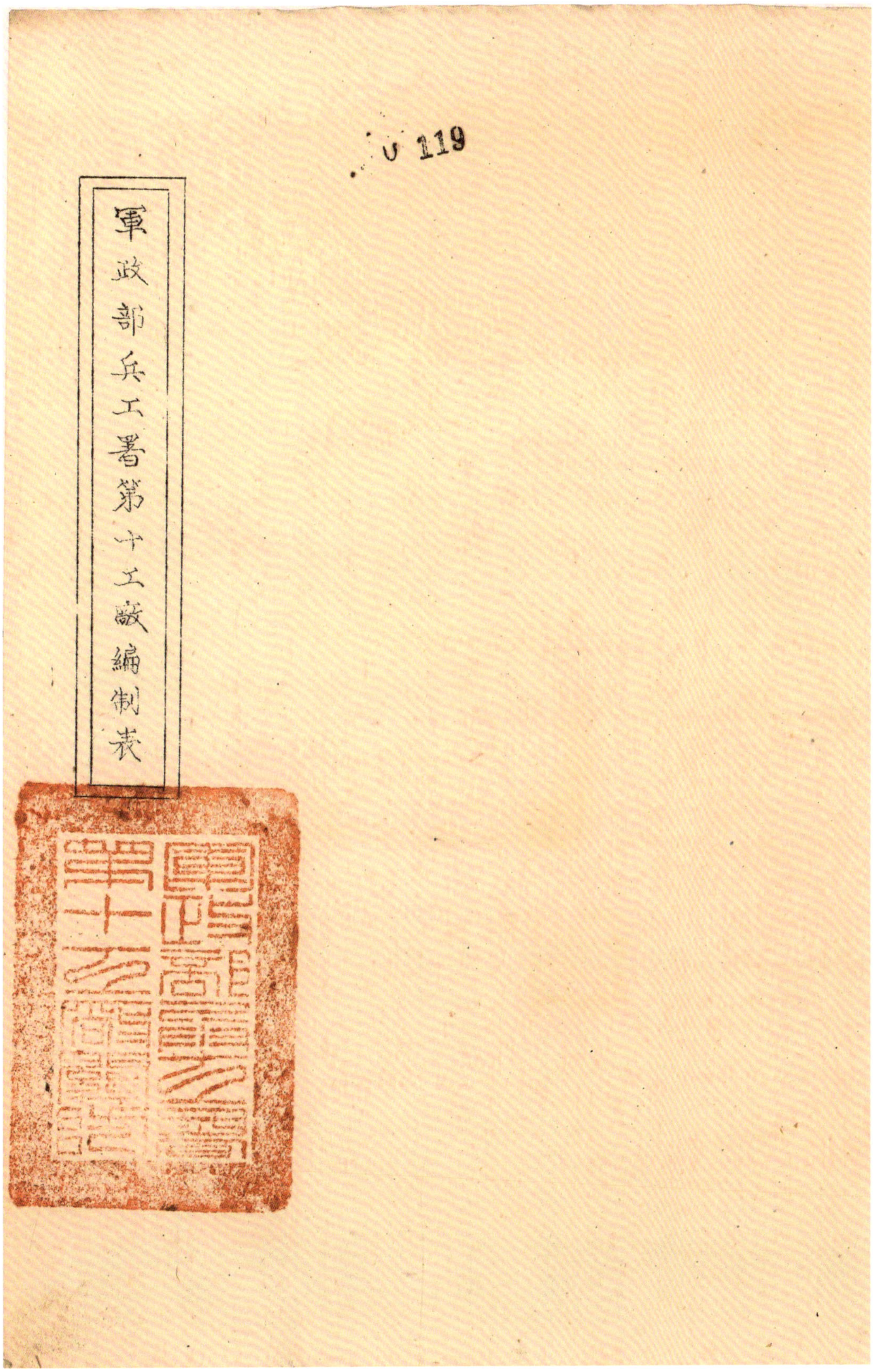

U 119

軍政部兵工署第十工廠編制表

軍政部兵工署第十工廠組織規程

第一條　本規程依據本廠修正編制範圍制定之

第二條　本廠設廠長一人承　兵工署長之命綜理全廠事務並指揮監督所屬員工

第三條　本廠設主任秘書一人承廠長之命襄理全廠事務並設秘書若干人承主任秘書之命擔任關于全廠章制法規之擬訂審核及全廠行政管理之設計研究事項並辦理交辦事件

第四條　本廠分設總務處工務處會計處職工福利處購置科統計室各處科室分設處科長主任一人承廠長之命受主任秘書之指導掌理各處科室業務

第五條　總務處下設文書課人事課事務課出納課運輸課營繕課成品庫警衛稽查組警衛大隊其職掌分列如左

(一)文書課

一、關于文電之收發迻譯分配撰擬審核繕校及承轉命令事項

二、關于印信之典守事項

三、關于各種報表之蒐集彙報及會議紀錄事項

四、關于檔案表册之保管事項

(二)人事課

一、關于本廠及附屬機關職員任免遷調差假獎懲考績之審核事項

二、關于本廠職員到差卸職及其交代與保証之查核事項

三、關于人事呈訴案件之處理事項

四、關于各種人事報表之彙編呈報及其他有關人事事項

(三)事務課

一、關于傢俱物品之登記盤查及保管事項

二、關于士兵伕役之管理及訓練事項

三、關于慶典之佈置及來賓招待事項

四、關于其他庶務之處理事項

(四)出納課

一、關于現金票據証券之出納及保管事項

二、關于薪餉工資之發放事項

三、關于工人儲金之代管代發事項

四、關于編製現金出納之表報事項

(五)運輸課

一、關于物料之領運及護送事項
二、關于運輸工具之調度及管理事項
三、關于運輸護照之請領填發及保管事項
四、關于運輸工伕之管理及訓練事項

(六)營繕課

一、關于土地之測量徵收及地盤設計事項
二、關于各種土木工程之設計製圖招標營造及工程費用預決算之編造事項
三、關于承攬工程營造廠商之管理監督及考核事項
四、關于本廠土地房屋橋樑道路溝渠之登記保養及管理事項
五、關于本廠各種零星修繕工程之審核及辦理事項
六、關于土木工程使用之圖表儀器工具物料之準備驗收及保管事項

(七)成品庫

一、關于本廠成品及代製代修品之保管解繳與登記事項
二、關于修造命令與成品數量之查對及登記事項

(八)警衛稽查組

123

一、關于本廠門衛稽查風紀維護及奸宄活動之偵緝與防止事項

二、關于本廠附近地區户口之調查及登記事項

（九）警衛大隊

一、關于本廠警備守衛及廠區治安之維持事項

二、關于所用武器彈藥被服裝具之保管及配發事項

第六條　工務處下設工程師室作業課檢驗課工政課材料庫實驗工場技工學校及各製造所（共十二個製造所）其職掌分列如左

（一）工程師室

一、關于兵工之研究設計及改近事項

二、關于本廠製造上各種設備之規畫事項

三、關于製造技術之研究設計及改進事項

四、關于製造工作程序及工作時間之審定事項

五、關于担任新製造或新設計一切有關之籌備及實施工作事項

六、關于各種檢驗規格之制定事項

七、關于圖樣之繪製及保管事項

（二）作業課

一、關于製造作業計劃之準備及分配事項
二、關于工作上各種命令之製發及工務之報告事項
三、關于各製造部份工作進度之考核及調整事項
四、關于各製造部份應需之物料機器工具準備事項
五、關于各製造部份領用物料之考核事項

(三) 檢驗課
一、關于各種成品及半成品之檢驗及射擊試驗事項
二、關于樣板標準之劃一及檢定事項
三、關于檢驗結果之報告事項

(四) 工政課
一、關于本廠工政法規之釐訂及推行事項
二、關于全廠工人之進退差假獎懲卹賞考績升降及異動之調查登記審核事項
三、關于全廠技工藝徒之招收管理事項
四、關于全廠工人工資之審核事項

(五) 材料庫
一、關于本廠應用各種材料之儲備保管及核發事項
二、關于各項材料之登記統計查報事項

(六) 實驗工場

125

一、關于新製品之試造及技術員工實習事項

二、關于其他有關技術上之實驗改進事項

三、關于新定工場行政之試行事項

（七）技工學校

一、關于技工藝徒之技術訓練及有關教育之實施事項

二、關于技工藝徒訓練方案之擬定及各項訓練資料之蒐編事項

（八）第一製造所

一、關于銅殼及各種冲件之製造事項

二、關于本所工人工作之管理及製品之登記事項

三、關于本所機器工具物料及設備之保管事項

（九）第二製造所

一、關于彈頭彈體以及各種車件之製造事項

二、關于本所工人工作之管理及製品之登記事項

三、關于本所機器工具物料及設備之保管事項

（十）第三製造所

一、關于迫擊砲彈彈體之翻鑄及初步車製事項

二、關于本所工人工作之管理及製品之登記事項

三、關于本所機器工具物料及設備之保管事項

(十一)第四製造所
一、關于引信及零件之製造事項
二、關于本所工人工作之管理及製品之登記事項
三、關于本所機器工具物料及設備之保管事項
(十二)第五製造所
一、關于火藥之製配裝壓事項
二、關于本所工人工作之管理及製品之登記事項
三、關于本所機器工具物料及設備之保管事項
(十三)第六製造所
一、關于發光劑之製配裝壓事項
二、關于本所工人工作之管理及製品之登記事項
三、關于本所機器工具物料及設備之保管事項
(十四)第七製造所
一、關于銅殼彈頭引信之裝配事項
二、關于砲彈射擊試驗事項
三、關于本所工人工作之管理及製品之登記事項
四、關于本所機器工具物料及設備之保管事項
(十五)第八製造所
一、關于工具樣板軋頭及各種設備之製造事項

二、關于機件之修配事項
三、關于本所工人工作之管理及製品之登記事項
四、關于本所機器工具物料及設備之保管事項

(十六)第九製造所
一、關于成品箱之製造事項
二、關于各製造部份設備有關木工之配製事項
三、關于本所工人工作之管理及製品之登記事項
四、關于本所機器工具物料及設備之保管事項

(十七)第十製造所
一、關于給水工程之裝修及維持事項
二、關于發電配電之裝修及管理事項
三、關于本所工人工作之管理及製品之登記事項
四、關于本所機器工具物料及設備之保管事項

(十八)第十一製造所
一、關于迫擊砲之製造及裝配事項
二、關于各製造部份設備有關銅鑄件之翻鑄事項
三、關于本所工人工作之管理及製品之登記事項
四、關于本所機器工具物料及設備之保管事項

(十九)第十二製造所

128

一、關于擦槍器具之製造事項
二、關于本所工人工作之管理及製品之登記事項
三、關于本所機器工具物料及設備之保管事項

第七條 會計處下設簿記課成本計算課薪工計算課審計課共職掌分列如左

(一)簿記課
一、關于本廠各項經費概算預算及決算之編造事項
二、關于賬務之記載及整理事項
三、關于附屬單位收支報告及有關賬務文件之核對事項

(二)成本計算課
一、關于各種出品之成本計算事項
二、關于登記有關成本之簿籍事項
三、關于各製造部份填送工料製品紀錄之核對事項

(三)薪工計算課
一、關于各項薪餉及工資計算事項
二、關于各項薪餉及工資紀錄之核對事項
三、關于各項薪餉工資單據報表之保管事項

(四)審計課

一、關于各種賬册單據憑証及報表之審核事項
二、關于預算决算及薪餉工資之審核事項
三、關于庫存現金與現有財物及出品數量之查核事項

第八條　福利處下設供應課訓育課農場醫院其職掌分列如左

(一)供應課
一、關于全廠員工一切公用設備之籌辦及管理事項
二、關于全廠員工生活日用必需品之分配及供應事項
三、關于員工住宅宿舍食堂之管理及支配事項

(二)訓育課
一、關于員工精神生活之調整事項
二、關于員工體育及業餘一切正當娛樂之倡辦及輔導事項
三、關于士兵伕役識字教育之推行事項

(三)農場
一、關于農林種植園藝畜牧及農產加工品之經營事項
二、關于糧食領運分配及倉庫之管理事項
三、關于全廠土地之開墾及種植事項

(四)醫院
一、關于公共衛生之設施與員工病疾之診療及保健事

項

二、關于診療調護及給葯檢驗事項

第九條 購置料之職掌如左

一、關于本廠一切器材傢俱及辦公用品之採購事項

二、關于訂購物料價格樣品之審核事項

三、關于購置合同及定單之審訂事項

四、關于購置物料之報請驗收事項

第十條 統計室之職掌如左

一、關于全廠製造技術及一般行政工作之分類統計事項

二、關于各種表單格式之審定劃一及整理保管事項

三、關于各種統計圖表之繪製及保管事項

四、關于各部份統計資料之蒐集整理及運用改善事項

五、關于全廠各單位工作進度之調查及考核事項

第十一條 本廠附設子弟小學受福利處之指導依一般小學規程辦理之

第十二條 本廠得設駐外辦事處或派遣常駐代表辦理物料之購運並代表本廠在各該駐地辦理委辦事件及其他有關接洽事宜人員由主管單位呈准調派之

第十三條 本廠辦事細則另訂之

第十四條 本規程自呈准公布日施行

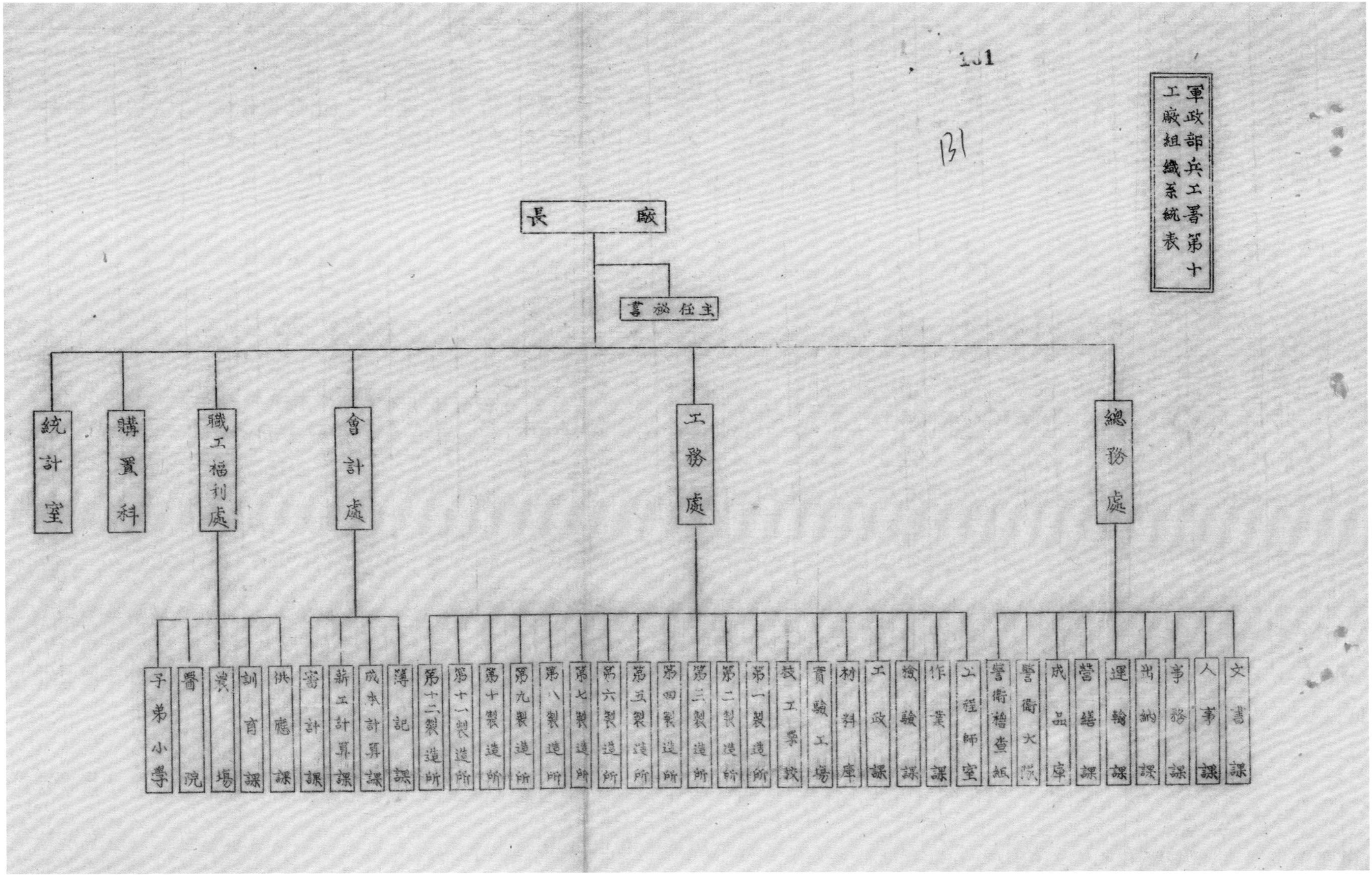
軍政部兵工署第十工廠組織系統表
廠長
主任秘書
統計室
購置科
職工福利處
會計處
工務處
總務處
子弟小學
醫院
農場
訓育課
供應課
審計課
新工計算課
成本計算課
簿記課
第十二製造所
第十一製造所
第十製造所
第九製造所
第八製造所
第七製造所
第六製造所
第五製造所
第四製造所
第三製造所
第二製造所
第一製造所
技工學校
實驗工場
材料庫
工政課
檢驗課
作業課
工程師室
警衛稽查組
警衛大隊
成品庫
營繕課
運輸課
出納課
事務課
人事課
文書課

132

軍政部兵工署第十工廠編制表

區分		官佐		士兵			
職別		階級	員額	役別	等階	名額	備考
廠長		軍簡二階（軍技或軍文）	一				綜理全廠一切事宜
主任秘書		軍簡三階（軍技或軍文）	一				輔弼廠長處理一切廠務
秘書		軍薦一階至軍簡三階（軍技或軍文）	三—四				分掌全廠之書機要法規章制度核文稿及臨時交辦事宜
秘書		軍薦二階至一階（軍技或軍文）	一—二				
事務員		軍委一階至軍薦二階	一				
總務處	處長	軍薦一階至軍簡三階（軍技或軍文）	一				掌理全廠一切總務事宜
總務處	專員	軍薦二階至一階（軍技或軍文）	一				
總務處	處員	軍薦二階至一階	一				
總務處	書記	軍委二階至一階	一				
總務處文書課	課長	軍薦二階至一階	一				掌理全廠文書檔案及典守印信事宜
總務處文書課	課員	軍薦二階	二				
總務處文書課	課員	軍委一階至軍薦二階	二—三				
總務處文書課	譯電員	軍委一階至軍薦二階	一				
總務處文書課	書記	軍委三階至一階	三—五				

一頁

人事課	課長	軍薦二階至一階	一				掌理全廠職員進退考績獎懲撫卹事宜
	課員	軍薦二階	一				
	課員	軍委一階至軍薦二階	三				
	書記	軍委三階至一階	二				
事務課	課長	軍薦二階至一階	一	公役三、四等	三五、四〇		掌理全廠辦公用品傢俱財產之保管收發公役之訓練支配以及廠務事宜
	課員	軍薦二階	一				
	課員	軍委一階至軍薦二階	一—二				
	課員	軍委二階至一階	二—三				
	書記	軍委三階至一階	二—三				
出納課	課長	軍薦二階至一階（軍技或軍文）	一				掌理全廠金錢出納匯兌及發放薪餉事宜
	課員	軍薦二階（軍技或軍文）	一				
	課員	軍委一階至軍薦二階（軍技或軍文）	一—二				
	課員	軍委二階至一階（軍技或軍文）	三				
	書記	軍委三階至一階	一				
運輸課	課長	軍薦二階至一階（軍技或軍文）	一				掌理全廠物料成品運輸事宜
	課員	軍薦二階（軍技或軍文）	一				
	課員	軍委一階至軍薦二階（軍技或軍文）	一—二				
	課員	軍委二階至一階（軍技或軍文）	二				

二頁

134

單位	職別	官階	員額	備考
	押運員	軍委三階至一階	六—八	
	書記	軍委三階至一階	一	
營繕課	課長	軍薦二階至一階（軍技或軍文）	一	掌理全廠征地建築及修繕事宜
	課員	軍薦二階	一	
	課員	軍委二階至一階	三	
	書記	軍委三階至一階	二	
	工程師	軍薦二階至一階（軍技）	三	
	工程師	軍薦二階（軍技）	二—三	
	技術員	軍委二階至一階（軍技）	二—四	
成品庫	庫長	軍薦二階至一階（軍技或軍文）	一	掌理全廠成品保管及解繳事宜
	庫員	軍委一階至軍薦二階（軍技或軍文）	二	
	庫員	軍委二階至一階（軍技或軍文）	三	
	書記	軍委三階至一階	一	
警	大隊長	少（中）校	一	掌理全廠警衛及消防事宜
大	大隊附	上尉	一	
	副官	中尉	一	
	軍需	二等軍需佐	一	
	書記	軍委三階至二階	一	

三頁

衛務		職別	階級	員數	職別	員數	備考
隊部					文書上士	一	
隊部					軍需上士	一	
隊部					司號中士	一	
隊部					傳達下士	一	
隊部					傳達上一等兵	二二	
隊部					炊事一二等兵	一一	
第一中隊	中隊部	中隊長	上尉	一			
第一中隊	中隊部	中隊附	中尉	一			
第一中隊	中隊部	特務長	准尉	一			
第一中隊	中隊部				文書上士	一	
第一中隊	中隊部				軍需上士	一	
第一中隊	中隊部				傳達上等兵	二	
第一中隊	中隊部				號兵上等兵	二	
第一中隊	中隊部				炊事上一二等兵	一二六	
第一中隊	各分隊	分隊長	中少尉	一二			共三分隊
第一中隊	各分隊				班長上中士	三六	
第一中隊	各分隊				副班長下士	九	
第一中隊	各分隊				列兵上一二等兵	一八 三六 五四	

四頁

01136

大

部別	職別	階級	人數	備考
第二中隊 中隊部	中隊長	上尉	一	
第二中隊 中隊部	中隊附	中尉	一	
第二中隊 中隊部	特務長	准尉	一	
第二中隊 中隊部	文書上士		一	
第二中隊 中隊部	軍需上士		一	
第二中隊 中隊部	傳達上等兵		二	
第二中隊 中隊部	號兵上等兵		二	
第二中隊 中隊部	炊事上二等兵		六二一	
第二中隊 各分隊	分隊長	少中尉	二一	共三分隊
第二中隊 各分隊	班長上中士		六三	
第二中隊 各分隊	副班長下士		九	
第二中隊 各分隊	列兵上二等兵		五三一 四六八	
機槍中隊	中隊長	上（中）尉	一	
機槍中隊	中隊附	中尉	一	
機槍中隊	特務長	准尉	一	
機槍中隊	文書上士		一	
機槍中隊	軍需上士		一	
機槍中隊	觀測中士		一	

五頁

單位	職別	階級	員額	職別	員額	備考
警隊	組長	中（上）校	一			掌理全廠風紀及維持公共秩序事宜
	副組長	少（中）校	一			由警衛大隊長兼
消防隊				隊員	（派兼）四八	
				副班長	（派兼）四	
				班長	（派兼）四	
				傳達上等兵	（派兼）一	
				司號上等兵	（派兼）一	
				器材上士	一	
	管理員	中尉	一			
	隊附	中（少）尉	（派兼）一			
	隊長	上（中）尉	（派兼）一			
中隊 各分隊				槍手上二等兵	三八四	
				槍長中下士	二二	
	分隊長	中（少）少（准）尉	一一			共二分隊
中隊 部				炊事上二等兵	一二	
				傳達上等兵	二	
				號兵二等兵	二	
				軍械中士	一	

138

處	衛稽查組	組員	少校	一			
			上尉	五			
			中尉	一〇			
		司書	軍委三階	二			
						傳達中下士	一一
						傳達上等兵	一
					公役三四等		一一
						炊事下士	一
						炊事上等兵	二
工		處長	軍簡三階(軍技)	一			掌理全廠製造事宜
		處員	軍薦二階至一階	一			
		書記	軍委二階至一階	一			
	工程師	總工程師	軍簡三階(軍技)	一			掌理計算設計製圖規定標準圖表保管等事宜
		工程師	軍簡三階(軍技)	四			
		工程師	軍薦一階至軍簡三階(軍技)	六			
		工程師	軍薦二階至一階(軍技)	五			
		技術員	軍委一階至軍薦二階(軍技)	六			
		技術員	軍委二階至一階(軍技)	六			

七頁

0139

室	技術員	軍委四階至二階（軍技）	八				
	事務員	軍委三階至一階	二				
作業課	課長	軍薦二階至一階（軍技）	一				掌理準備機械工具及材料支配工作考核等事宜
	技術員	軍薦二階（軍技）	四				
	技術員	軍委三階至一階（軍技）	六				
	課員	軍薦二階（軍技或軍文）	二				
	課員	軍委一階至軍薦二階（軍技或軍文）	一八				
	事務員	軍委三階至一階	二				
檢驗課	課長	軍薦二階至一階（軍技）	一				掌理檢驗半成品及成品事宜
	技術員	軍薦二階（軍技）	六				
	技術員	軍委三階至一階（軍技）	八				
	事務員	軍委三階至一階	二				
工政課	課長	軍薦二階至一階（軍技或軍文）	一				掌理工人進退登記及其他有關事宜
	課員	軍薦二階（軍技或軍文）	三				
	課員	軍委一階至軍薦二階（軍技或軍文）	一八				
	事務員	軍委三階至一階	一				
材料庫	庫長	軍薦二階至一階（軍技或軍文）	一				掌理材料之配發整理保管等事宜
	庫員	軍委一階至軍薦二階（軍技或軍文）	四				

八頁

140

務

單位	職別	官階	員額	備考
庫	庫員	軍委二階至一階（軍技或軍文）	五	
庫	事務員	軍委三階至一階	一	
實驗工場	主任	軍薦二階至一階（軍技）	一	掌理新製品之試造實驗及技術員工實習事項
實驗工場	技術員	軍薦二階（軍技）	二	
實驗工場	技術員	軍委二階至一階（軍技）	二	
實驗工場	事務員	軍委三階至一階	一	
技工學校	主任	軍薦二階至一階（軍技）	一	掌理技術工人之訓練教育事項
技工學校	教員		兼任	
技工學校	事務員	軍委三階至一階	一	
第一製造所	所長	軍薦二階至一階（軍技）	一	銅殼所
第一製造所	技術員	軍薦二階（軍技）	二	
第一製造所	技術員	軍委三階至一階（軍技）	二	
第二製造所	所長	軍薦二階至一階（軍技）	一	彈頭所
第二製造所	技術員	軍薦二階（軍技）	四	
第二製造所	技術員	軍委三階至一階（軍技）	四	
第三製造所	所長	軍薦二階至一階（軍技）	一	炮彈所
第三製造所	技術員	軍薦二階（軍技）	四	
第三製造所	技術員	軍委三階至一階（軍技）	四	

九頁

U 141

製造所	職別	官階	員額				備考
第四製造所	所長	軍薦二階至一階（軍技）	一				引信所
	技術員	軍薦二階（軍技）	二				
	技術員	軍委三階至一階（軍技）	二				
第五製造所	所長	軍薦二階至一階（軍技）	一				壓製所
	技術員	軍薦二階（軍技）	四				
	技術員	軍委三階至一階（軍技）	四				
第六製造所	所長	軍薦二階至一階（軍技）	一				光劑所
	技術員	軍薦二階（軍技）	一				
	技術員	軍委三階至一階（軍技）	二				
第七製造所	所長	軍薦二階至一階（軍技）	一				裝配所
	技術員	軍薦二階（軍技）	三				
	技術員	軍委三階至一階（軍技）	二				
第八製造所	所長	軍薦二階至一階（軍技）	一				工具樣板鐵件修配所
	技術員	軍薦二階（軍技）	五				
	技術員	軍委三階至一階（軍技）	六				
第九製造所	所長	軍薦二階至一階（軍技）	一				木工所
	技術員	軍薦二階（軍技）	一				
	技術員	軍委三階至一階（軍技）	二				

十頁

第十製造所	所長	軍薦二階至一階（軍技）	一				水電所
	技術員	軍薦二階（軍技）	三				
	技術員	軍委三階至一階（軍技）	二				
第十一製造所	所長	軍薦二階至一階（軍技）	一				迫砲所
	技術員	軍薦二階（軍技）	四				
	技術員	軍委三階至一階（軍技）	六				
第十二製造所	所長	軍薦二階至一階（軍技）	一				擦槍器具所
	技術員	軍薦二階（軍技）	一				
	技術員	軍委三階至一階（軍技）	二				
會計處	處長	軍薦一階至軍簡三階（軍技或軍文）	一				掌理全廠會計事宜
	專員	軍薦二階至一階（軍技或軍文）	一				
	處員	軍薦二階至一階	一				
	書記	軍委二階至一階	二				
簿記課	課長	軍薦二階至一階（軍技或軍文）	一				掌理有關簿記之一切事宜
	課員	軍薦二階（軍技或軍文）	三				
	課員	軍委二階至一階（軍技或軍文）	三				
	課員	軍委三階至一階（軍技或軍文）	三				
成	課長	軍薦二階至一階（軍技或軍文）	一				掌理有關成本計算之一切事宜

十二頁

計處	本計算課	課員	軍薦二階（軍技或軍文）	四				
		課員	軍委二階至一階（軍技或軍文）	六				
		課員	軍委三階至一階（軍技或軍文）	二				
	薪工計算課	課長	軍薦二階至一階（軍技或軍文）	一				掌理有關薪工計算之一切事宜
		課員	軍薦二階（軍技或軍文）	二				
		課員	軍委二階至一階（軍技或軍文）	四				
		課員	軍委三階至一階（軍技或軍文）	二				
	審計課	課長	軍薦二階至一階（軍技或軍文）	一				掌理有關審計之一切事宜
		課員	軍薦二階（軍技或軍文）	三				
		課員	軍委二階至一階（軍技或軍文）	二				
		課員	軍委三階至一階（軍技或軍文）	二				
職		處長	軍薦一階至軍簡三階（軍技或軍文）	一				掌理全廠職工福利之計劃推進事宜
		專員	軍薦二階至一階（軍技或軍文）	一				
		處員	軍薦二階至一階	一				
		書記	軍委二階至一階	二				
	供應課	課長	軍薦二階至一階	一				掌理全廠有關職工生活必需品之供應分配及宿舍住宅並各項公用事業之管理事宜
		課員	軍薦二階	三				
		課員	軍委二階至一階	四				

工福	課	課員	軍委三階至一階	八			
	課	事務員	軍委三階至一階	三			
	訓育課	課長	軍薦二階至一階（軍技或軍文）	一			掌理全廠有關職工精神教育及體育訓導等事宜
	訓育課	課員	軍薦二階（軍技或軍文）	三			
	訓育課	課員	軍委二階至一階（軍技或軍文）	四			
	訓育課	課員	軍委三階至一階（軍技或軍文）	八			
	訓育課	事務員	軍委三階至一階	三			
	農場	場長	軍薦二階至一階（軍技）	一			掌理全廠擁護林木之培植農產種植加工園藝畜牧等項生產事宜
	農場	技術員	軍薦二階（軍技）	三—四			
	農場	技術員	軍委二階至一階（軍技）	四—五			
	農場	事務員	軍委三階至一階	二			
	醫院	院長	聘任 比照軍簡三階至軍簡二階 軍技支薪	一			掌理全廠職工疾病醫療暨藥品供應及衛生設施推進等事宜
	醫院	主任醫師	聘任 比照軍薦一階至軍簡三階 軍技支薪	四			內外科各一員產婦科一員眼耳鼻喉科一員
	醫院	醫師	聘任 比照軍薦一階至軍簡三階 軍技支薪	五—七			
	醫院	檢驗師	聘任 比照軍薦二階至軍薦一階 軍技支薪	一—二			
	醫院	藥劑師	聘任 比照軍薦二階至軍薦一階 軍技支薪	一—二			
	醫院	調劑員	聘任 比照軍委二階至軍委一階 軍技支薪	二—三			
	醫院	護士長	聘任 比照軍薦二階至軍薦一階 軍技支薪	一			

十三頁

處別	職別	官等	員額	備考
利處（院）	高級護士	聘（比照軍薦二階至軍薦一階任軍技支薪）	六—八	
	護士	聘（比照軍委三階至軍委一階任軍技支薪）	八—一〇	
	助產士	聘（比照軍薦二階至軍薦一階任軍技支薪）	二	
	事務長	聘（比照軍委二階至軍委一階任軍技支薪）	一	
	事務員	聘（比照軍委三階至軍委二階任軍技支薪）	一—二	
利處（子弟小學）	校長			廠長兼任
	校務主任	聘 月支薪一〇〇—一八〇元任	一	
	教務主任	聘 月支薪九〇—一六〇元任	一	
	訓導主任	聘 月支薪九〇—一六〇元任	一	
	教員	聘 月支薪五〇—一六〇元任		視學生人數多寡酌定員額
	事務員	軍委三階至一階	二	
購置科	科長	軍薦一階至軍簡三階（軍技或軍文）	一	掌理全廠物料採購事宜
	科員	軍薦二階至一階（軍技或軍文）	二	
	科員	軍委一階至軍薦三階（軍技或軍文）	二—三	
	科員	軍委二階至一階（軍技或軍文）	三—四	
	科員	軍委三階至一階（軍技或軍文）	四	
統	主任	軍薦一階至軍簡三階（軍技或軍文）	一	掌理全廠各種事業之統計事宜
	科員	軍薦二階至一階（軍技或軍文）	六	

十四頁

146

計室

科員	軍薦二階（軍技或軍文）	三
科員	軍委一階至軍薦二階（軍技或軍文）	三
科員	軍委二階至一階（軍技或軍文）	二
科員	軍委三階至二階（軍技或軍文）	一
合計		四四一三
		四一六

一五頁

編制說明

(一) 技術處與工程師室其主要業務均為設計研究但前者與工務對立而後者可隸屬工務處設計與執行可以一貫隨時就實際之情況得作必要之措施如分為兩處徒增手續難期貫徹工作效率必至銳減茲為辦事一貫及迅速確實起見故仍擬保留工程師室隸於工務處較為適當

(二) 在製造作業每一程序中支配與準備兩工作必須緊湊配合否則即有脫節之弊兩者不但不能分離且有合一之需要根據辦事一貫及迅速確實之原則所關統籌支配及準備工作均應由作業課主持之

(三) 統計業務為審核工廠全般效率包括製造經費人事福利及其他一切事業設施其性質不屬於任何部份必須獨立始可發揮其作用主管人員尤須兼具統計會計技術與行政之常識羅致不易其階級應不低於處長或科長故擬設統計室直隸於廠長

(四) 各製造所事務員之登記管理工作與作業工政兩課有十分密切之關係如有失調影響全般作業茲為劃一事權集中指揮以收聯絡配合實效起見故各所均不設事務員額而將該作業工政兩課課員統籌分派駐所辦事併予陳明

148

軍政部兵工署第十工廠編制與原編制人數比對總表

原編制 區分	原編制 單位數	原編制 員額	編制 區分	編制 單位數	編制 員額	比對 增 單位數	比對 增 員額	比對 減 單位數	比對 減 員額	備考
廠本部及總務處	二	二三七-一三	廠長辦公廳	一〇	九四	一	一三-三八			
工務處	二〇	二七	工務處	一六	一五四	四	六三			
會計處	五	四五	會計處	五	三九		六			
福利處	六	九一-一〇三	福利處	六	六五		二六-一三八			
			土木工程科	一	一三			一	一三	
購置科	一	一三-一四	購置科	一	一〇				八六	
統計室	一	一三	統計科	一	一三					
合計	四四	四九四-五三	合計	四〇	四〇七	五	三八-一四五	一	一三-一二九	

附記

員工兵伕比例表

編制數				實有工人人數
全部職員		兵伕	警衛官兵	
技術人員	事務人員			
三八一	九九	七七	三八二	三、二八四
附記	全部職員四八〇員警衛大隊及護查組軍官佐屬在外			三、四、五、六月份平均每月工人數如上

比例			
技術人員與事務人員	全部職員與兵伕	技術人員與工人	事務人員與工人
三、八四比一	六、二三比一	一比五、七三	一比三二
附記			

150

廠長莊權

中華民國三十四年八月 日

兵工署第十工厂为检送一九四五年四至六月大事记致制造司的笺函（一九四五年九月十一日）

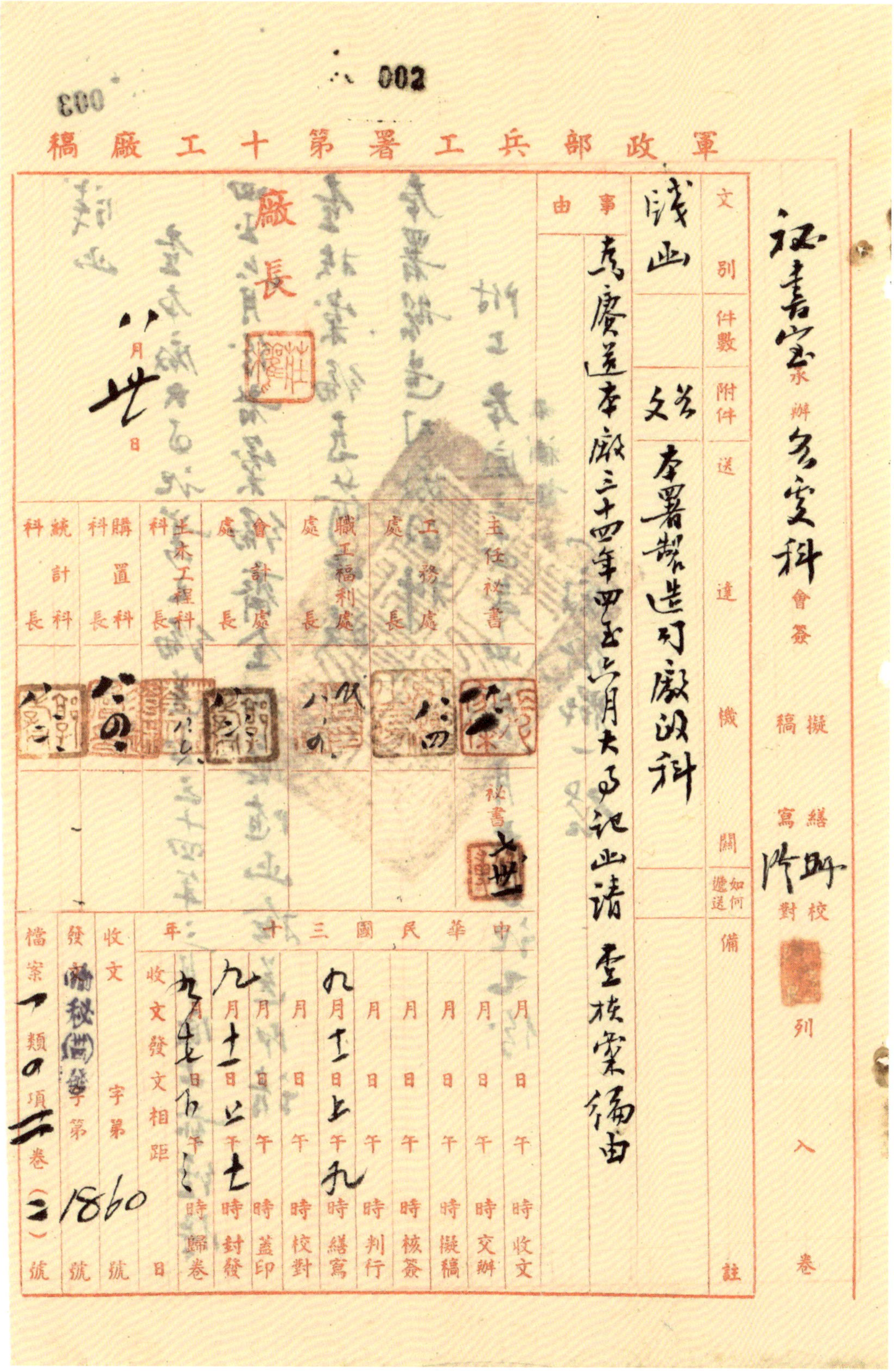
軍政部兵工署第十工廠稿

文别：箋函

附件：文二

事由：為賡送本廠三十四年四至六月大事記函請查核彙編由

秘書室承辦

廠長

八月卅日

003

箋函

查本廠大事記業已編送至三十四年三月底止茲經將
四五六月份者彙編齊全相應隨函檢送即請
查核彙編爲荷此致
本署製造司廠政科
附上本廠三十四年四五六月大事記乙份
王補註
（廠銜）戳 啟

此係清稿
有×者注意不錯

軍政部兵工署第十工廠三十四年四月份大事記

月	日	大事要記	備考
四	一	本廠裝置煤球机本月份起利用煤屑壓製煤球預計月產壹百餘噸足供全廠職工眷屬炊食之需	
	一	三月二日開始修理撥充工眷宿舍之廠外租用民房工程一二兩批本日竣工	承攬第二三三一四號
四	一	本廠工程師室新屋落成裝修完竣本日遷入辦公	
	一	本廠自本月份起試行初步改工核料單位成本計算制度由會計處成本課按月造具「分道製品工料數量比較表」送工務處作業課憑作初步改工核料根據並按期每三個月結算每種器械及每道零件之單位成本造具「製品成本比較表」以覘每期單位成本之高低藉以研究減輕成本原因促進科學管理增加效率	
	一	自本日起重慶電力公司分五區輪流停電本廠每逢第五日上午七時至下午二十三時停電在停電時期各所分為兩組輪流作息分別由第十所柴油機輪流供電	
	二	戰時生產局軍用器材處美籍專家史諾(J.F. Schnur)	

005

軍政部兵工署第十工廠三十四年四月份大事記

月日	大事記要	備考
	及斯傳(R. Strang)二氏繼續來廠參觀並指導	
六	三月三日開始修理擴充工眷宿舍之廠外租用民房工程三四五批本日竣工	承攬第二三五—七號
九	第八子弟小學前請准添建辦公室一幢業已落成本日遷入並同時調整各學級活動區域	
十一	澳國領事館(公使)代辦(Mr. Keith)陪同澳國駐印高級專員馬凱中將(Lt. General Sir Iven Macvey)來廠參觀	
十四	本廠第四所增建廠房工程開工	合同第二四號
十四	本廠第八所廠房及平基工程開工	合同第二五號
十五	設計塗製油布樣草圖完成	
十六	本廠福利室訓育課添建辦公室及儲藏播音室、房屋一幢本日落成遷入辦公	
十七	美國生產訪華團(Nelson Mission)專家賈可布斯(Roy M. Jacobs)及史諾(John F. Schnur)來廠參觀並指導	
十七	本廠第二所材料室及木棚工程竣工	承攬第二四一號
十八	本廠第五所儲藏室工程開工	合同第二七號

謝兄：

四〇六〇四

署局各承製六〇迫擊砲及砲彈各廠成品比賽本廠所得分數按砲及砲彈各佔百分之二十五，射擊佔百分之五十等三比例本廠所得分數如下：

砲〔(55+80+100)÷3〕×25%=19.5；砲彈〔(100+100)÷2〕×25%=25；射擊〔(100+100+100)÷3〕×50%=50 共計19.5+25+50=94.5分。

軍政部兵工署第十工廠三十四年四月份大事記

月日	大事記要	備考
十九	大石堡本廠砲房工程竣工	合同第一二號
十九	本廠運輸隊辦公室工程奉准驗收	奉渝造(34)丙字第四八七二號指令准予驗收備案
十九	本廠工務處附近鋰便鐵道路基路面及水溝工程奉准驗收	仝前
二一	本廠第七號防空洞道路及附屬工程奉准驗收	奉渝造(34)丙字第四九五六號指令准予驗收
二三	本廠糧食場為保存食米品質起見增建米倉一幢工程開工	合同第二六號
二六	奉戰時生產局軍用器材處王副處長乃賓陪同美籍專家布希(Lester L. Botch)來廠參觀	
六	本廠給水工程奉准驗收	奉渝造(34)丙字第五二六四號指令准予驗收
三十	本月份產電力廠停電二五六小時三十九分由本廠自發電共壹萬零玖百壹拾度	
三十	本廠第九所裝置排鋸大圓鋸及四面鉋木機等完成	
三十	本月份造繳六公分迫擊砲五十門砲彈二萬伍仟顆又蘇羅通三七破甲彈壹萬顆又信號槍彈銅殼弍萬個又中正式步槍撞針七千四百五十個又六公分迫砲練習彈尾翼二百枚又六公分迫砲練習彈底火二百枚木壳地雷藥包壹百個及擦槍器具九百二套	

No. 008

呈

本廠新出品超迫砲及彈係根據超口徑砲彈原理而設計由一簡單之發射架即利用六〇公分迫砲支脚瞄準器及八二迫砲底板等構成砲重約四十四公斤彈重八·五公斤因採用Hollow Charge之原理能穿透二十公分以上之鋼板或破壞一般輕型工事威力極大射程可六百公尺為步兵最適用之戰鬥距離又因二人即可背負運輸使用均極便利經正式表演各方批評咸認為反坦克必需利器奉 命加緊大批製造軍政當局且擬成立特種部隊使用之

軍政部兵工署第十工廠三十四年五月份大事記

月	日	大事記要	備考
五	三	普通存放火工品或防潮藥品之乾燥器皆以玻璃板塗凡士林密蓋未保完全氣密且玻璃板終為碰破本廠試改以水銀槽封口絕不漏氣而操作方便	
	十三	本廠第三所半成品房工程開工	承攬第二四五號
	十四	本廠前向中華無線電社訂購120V擴音機壹座擴音機件設備裝置完竣於本日開始播音	
	十五	時疫流行本廠擬訂霍亂傷寒預防注射辦法並通知全體員工及眷屬依限分期注射以資防範	
	十六	美籍兵工專家姆德(Mr. L. B. Moody)來廠參觀並指導	
	十七	本廠成品庫辦公室及庫房工程竣工	合同第一一三號
	十七	彈道研究所火藥處長華祖芳等二員來廠洽辦火箭彈拆卸事宜	
	二十	安裝第一部小發電機一座	
	二一	本廠為配備增產加添工人之需添建工友宿舍及食堂工程本日開工	合同第一一八號
	二五	本廠農場耕地面積經函請水利示範工程處於三月十五日來	

軍政部兵工署第十工廠三十四年五月份大事記

月日	大事記要	備考
	廠代測於本日全部測竣	
五 二六	本廠為改進福利事業成立職工福利委員會分設「衛生」「教育」「食住」三小組每月舉行常會一次博採羣情集思廣益	
二八	本廠原有通二村木便橋年久腐敗拆建工程開工	合同第一二〇號
二九	修正本廠醫院處理藥品及計費暫行辦法公布施行	
卅一	重慶電力公司仍照四月份辦法輪流停電本廠共停電一九小時十六分自行發電共二九九〇度	
卅一	本廠三十三年度製造經費帳務整理竣事造具會計報表	
卅一	本月份造邇六公分迫擊砲壹百伍拾門迫砲彈叁萬伍千顆呈請派員查帳	

011

軍政部兵工署第十工廠三十四年六月份大事記

月	日	大事記要	備考
六	一	修改工友俱樂部及浴室工程開工	承攬第二四六號
	一	本廠第九所排鋸房工程奉准驗收	奉渝造(34)丙字第六八二五號指令准予驗收
	二	軍事委員會全國知識青年志願從軍編練總監羅卓英偕同吳奇偉先生來廠參觀超迫砲試驗	
	五	本廠第九所廠房工程開工	合同第一二一號
	五	本廠因職員住宅甚感不敷，添建兩幢，本日開工	合同第一二二號
	五	本廠第十所需用五百噸沉澱水池工程開工	合同第一二三號
	十	本廠為原製冰機凝結器之進氣出氣二孔而為針式孔而久用易漏氣，且修理時器內之阿母尼亞不便抽出或放出，今於器之前後各加一自行車盤之填柏更孔而可免此種弊病，因得改良	
	十	中國工程師學會第十三屆年會會員一百人來廠參觀	
	十八	本廠向美華電機廠訂製變壓器壹座，計價國幣八八五000元	
	十八	國立中央大學機械工程系教員潘新陸率領學生等七十人來廠參觀	
	三十	本市今年霍亂猖獗，本廠為策安全，開始銷燬掩埋各處垃圾，加強溝渠廁所清潔，並製定標語擴大宣傳，務使全體注意衛生	

0012

軍政部兵工署第十工廠三十四年六月份大事記

月日	大事記要	備考
六 二三	本廠向順昌鐵工廠訂製鼓風機一部計價國幣六二〇〇〇元	
二五	本廠向順昌鐵工廠訂製卅8鼓風機一部計價國幣六〇、〇〇〇元	
二五	軍事委員會幹部訓練團龍教官禮昌等四員來廠參觀新出廸迫砲	
二六	本廠第十所為材料庫製造煤球打泥機壹具	
二七	本廠農場于本日參加中國農業協進會召集之農場輔導會議以切取公私農場聯繫及輔導工作	
三十	本廠第五所儲藏室工程竣工	合同第一七號
三十	本廠第三所成品房工程竣工	承攬第四五號
三十	本廠第四所增建廠房工程竣工	合同第一四號
三十	本月份造繳六公分迫擊砲一百二十五門砲彈四萬顆又蘇羅通三七破甲彈五千顆又六公分迫砲填沙彈二百顆又六號雷管一百個方形藥包一百個與六公分迫砲解剖彈十個八公分迫砲彈壳一百枚八公分迫砲練習彈藥包三萬二千個又練習彈二千顆又砲彈尾翼四百個又砲彈尾管二百個又砲彈藥包二千五百個又砲彈底火六百五十個	

兵工署第五十工厂忠恕分厂沿革及概况（节略）（一九四八年四月十二日）

001

目 錄

	頁次
甲 本廠成立動機與目的	1
乙 本廠籌備設備及其遷建詳情	1
(1) 株廠之遷移	1
(2) 漢陽砲廠之改隸	1
(3) 株廠一部份機件之移交	1
(4) 渝廠之籌建	2
(5) 第十工廠之成立與合併出品	2
(6) 本廠遷建所需經費	2

(5)	擦槍器具之改造	9
(6)	六公分迫擊砲彈之製造	9
(7)	硝化噴太之製造	10
(8)	信號手槍彈之製造	10
(9)	三六式六公分迫擊砲照明彈之製造	10
(10)	六公分迫砲瞄準器互換性之研究與結果	10-11
(11)	超迫砲與超迫彈之試造	12
三、	本廠之福利設施	13
(1)	事業課	13
(2)	訓育課	13

004

(3) 農場 13

(4) 醫院 14

(5) 中華小學 14

(6) 消費合作社 14

4. 附圖：

圖一 大公司週邊略圖 15

圖二 大公司週邊略圖詳 16

圖三 三號式大公司平面配置詳 17

圖四 鐵道略圖 18

圖五 鐵道線路詳 鐵道橋梁詳 鐵道信號標詳 鐵道CN詳 19

005

甲 本廠成立動機與目的

本廠在籌備時期原名砲兵技術研究處 兵工署於民國二十五年三月十四日令派砲兵器材科長莊 權任處長以籌建株洲兵工廠為主要任務株廠廠址曾奉 委員長蔣指定湖南株洲經秉承意旨勘察地形以在該地建築極為適宜簽呈 委員長核准（軍委會令二字第一〇八七號指令備案）開始著手籌備全廠面積共計周圍五千四百三十九畝原擬作國內兵器製造規模最大之現代化工廠主要出品在製造各種火砲供應國防需要當為避免對外暫不公開起見故以砲技處名義負籌備之責

兵工署署長俞大維以現有各兵工廠製造出品以步兵兵器

006

為多關於火砲一項使漢陽砲廠可用出克式七·五公分野砲二門拔之該廠機器設備建築對於製造輕類野戰火砲尚稱適宜如能加以整理增添機器即可成一完整之砲廠爰擬具自行製造新式七·五公分野砲及十公分輕榴彈砲計畫并令砲技處自二十五年十一月一日起全部接管漢陽兵工廠所屬砲廠對外即揭櫫漢陽砲廠名義以免各方注意

007

乙甲.本廠前後設備及遷建詳情

(1)株廠之遷移

株廠廠房工程如動力廠槍彈廠及材料庫等房屋自二十六年十一月份起均先後開工並派員赴滬搶運槍彈機及一部份動力機均於上海淪陷前冒險運出運到株洲後即在臨時建築之簡陋廠房中開始安裝至二十七年五月一日株洲臨時槍彈廠正式開工日出槍彈四萬發供應抗戰急需六月一日株廠機器庫　令遷渝另行在渝籌備建廠經派員組設重慶辦事處負責籌備並勘定重慶江北忠恕沱為廠址

(2)渠廠之改隸

008

二十七年六月本處所屬漢陽砲廠奉 准移沅陵機料三千餘噸起運離漢員工三百餘隨同轉移至九月間到達桃源呈 准暫在該縣搭建臨時廠房安裝機器恢復工作十二月因武漢撤退湘北局勢緊張漢陽砲廠復由桃源遷至湘西沅陵成立修械工場繼續担任修砲工作二十八年二月本處所屬漢陽砲廠第一分廠由衡遷桂專任前線火砲修理工作為便利節制起見遵 署令將該分廠改為砲技處桂林修砲廠至同年六月本處駐沅陵修械工場奉 署令歸併辰谿第一工廠當即造冊移交清楚駐漢辦事處名義同時撤銷又桂林修砲廠亦遵 令改隸由 署直轄

(3) 株廠一部份機件之移交

二十七年七月本處所管一部份造砲機件及動力機件運邵，署令移交第五十工廠分别在株洲、邵陽兩地交接清楚。其時本處人員分散數地工作，關於株廠之遷移結束、全部機料之轉運及渝廠之籌備，手續須繕辦，勢至八月中株廠遷移工作始大體完成，全部人員均陸續赴渝，遂即時成立董家壩留守處負其事。本處擔任株廠未完建築工程及零星材料之保管及守護廠地等事宜。同年九月中本處西運機料二十餘噸陸續抵渝，其中關於槍彈機全部運邵，署令移第二十五工廠籌備處接收。

010

(4) 渝廠之籌建

一六三四，七四六

重慶忠恕沱新廠共徵地一千五百市畝辦公房屋於二十七年九月抄建築完工砲技處正式遷入新廠積極籌造以二公分及三·七公分步兵砲彈為主要出品翌年四月渝廠主要廠房大部建築完工遂即安裝機器惟以主要材料多滯留越緬昆明等地運輸延緩到達廠房者甚少故無法正式開工為儘量利用機力人力起見乃代　署屬各廠製造零件及壓製梯恩梯藥包二十九年九月本處以渝廠籌建已成業務漸入製造階段而歷次修正之編制運用不靈窒礙實多爰再予以修正使其粗具一正式之廠型以配合業務

（5）第十工廠之成立與各種出品

三十年一月一日砲技處奉　令結束就其遷建之渝廠改組為第十工廠仍任　莊　權為廠長四月初首批蘇羅通二公分曳光榴彈一千四百發試造成功本廠主要出品從此開始七月抄首批蘇羅通二公分榴彈五千發試造成功此項榴彈之離心子料一項原非國內所有自來源斷絕本廠使用種種方法研究自製始克有成質料直與舶來品無異三十一年四月抄首批歐力根二公分榴彈一萬發試造成功五月中首批蘇羅通三·七公分榴彈三千發試造成功其時　署令籌造六公分迫擊砲（附圖一）與砲彈（附圖二）及信號彈三種兵器按本廠原為

製造二公分與三·七砲彈之專廠所用材料供自國外因海運封鎖來源斷絕庫存行將用罄而原有機器除一部份留供原額出品製造外其餘均須重行改裝配備工場以為製造新出品之準備且須酌予添購以補不足廠長莊 權鑒於新舊製造必須同時並籌乃於五月中再度赴滇向昆明署屬各庫選配機料三千噸暫同運渝以資補充使新舊出品得以銜接至翌年二月杪第一門六公分迫擊砲試造成功三十四年八月抗戰勝利增產無形停頓本月份起本廠出品奉 令改為迫擊砲壹百門迫砲彈兩萬肆千發擲榴器具捌百套十月間 兵工署調派本廠廠長莊 權為本署

接收東北區各兵工廠接收委員會主任委員並派第五十工廠廠長丁天雄兼代本廠廠長

(6) 本廠遷建所需經費

砲技處奉　令由京遷湘所有辦公文具家具等件由京遷移運漢至由漢赴長轉株之搬運費及全處員工等由京赴漢遷長轉株之旅什費等則另編預算請核奉　准核列六,四五0元欵在二十五年度經常費節餘項下列支決算數為五,九一六·七0元嗣後本處奉　令由株遷渝當時在株之機料約五千噸其運費及員工眷屬之旅費與裝卸費什費等預算奉　准核列四一五,000元實支三六三,四一七·一九元株廠遷渝後即於二十七年建設新廠迄三十二年止其所需之建設經費列表於后：

年度	預算數	實支數
二七—二九年	一,二一九,〇〇五·〇〇元	一,二〇四,八四八·八六元
三十年	二,五〇〇,〇〇〇·〇〇元	二,四四八,五〇六·〇一元
三十一年	六,〇〇〇,〇〇〇·〇〇元	五,九四九,七一七·八七元
三十二年	五,〇〇〇,〇〇〇·〇〇元	四,九九七,八三〇·四二元

三十四年各廠奉　令增產並撥發增產建設費以充實廠方設備及建築之用茲將三十四年增產建設費預算及實支數列表如次：

年度	預算數	實支數
三十四年	一〇六,八三〇,〇〇〇·〇〇元	一〇五,三七二,三二九·八六元

(丁) 第五十工廠忠恕分廠時代之各種出品

三十五年七月一日本廠奉　署令改稱第五十工廠忠恕分廠並調派第二十五工廠工務處長周有道接任本分廠廠長

九月間　署令本廠額造之六公分迫砲彈應自本月份起增造至四萬發

三十六年八月份第一批美式三七榴彈二萬五千發改造完成

同年十一月造成超迫砲二門及超迫彈三十八發並派員運往南京準備參加　兵工署舉辦之新兵器表演

三十七年一月本廠做美式試造之六公分照明彈試造成功本月份起開始正式出品

丙五、兵工署砲兵技術研究處／第十工廠／第五十工廠忠恕分廠主官經歷表

機關名稱	級職	姓名	經歷	就職日期	離職日期
砲兵技術研究處	簡任五級處長	莊權	初任東北兵工廠工務處副技師 歷任東北兵工廠赴歐調查兵器特派員 上海兵工廠上校工程師兼機器廠主任 上海勞働大學工學院院長 軍政部兵工署檢驗科科長 軍政部兵工署兵工購料委員會主任委員 參謀本部國防設計委員會秘書兼專員 軍政部兵工署砲兵技術研究處處長	二五、九、二三	三〇、三、二一
第十工廠	簡任四級廠長		軍政部兵工署第十工廠簡任四級廠長	三〇、三、二一	三四、一〇、一五
第十工廠	簡任四級兼代廠長	丁天雄	初任德國勃來斯勞工業大學化學系助教 歷任上海大同大學化學及德文教授 軍政部兵工署總務科上校科長 軍政部兵工署購料委員會代理主任委員 軍政部兵工署技術司第一科彈藥組主任 軍政部兵工署兼代技術司司長 軍政部兵工署第一工廠廠長兼第二十五工廠廠長 軍政部兵工署第五十工廠廠長兼第十工廠廠長	三四、一〇、一五	三五、七、一
第五十工廠忠恕分廠	軍簡三階廠長	周有蓮	初任東三省兵工廠砲彈廠技士 歷任東三省兵工廠砲彈廠第二彈丸所所長 軍政部鞏縣兵工廠砲彈廠二等技術員	三五、七、一	

017

軍政部軍械兵工厰工務處材料庫少校庫長
軍政部軍械兵工厰化驗處主任
軍政部兵工署第十一工厰工務處化驗股主任
軍政部兵工署第一工厰工務處第二所主任
軍政部兵工署第一工厰工務處工程師室從工程師
軍政部兵工署第二十五工厰工務處處長
聯合勤務總司令部兵工署第五十厰總務分廠
軍簡三階處長

70 018

丁丙本忠恕分廠歷年官佐員額统計表

員額 月份 / 年份	1	2	3	4	5	6	7	8	9	10	11	12
25				13	27	39	44	44	48	49	66	68
26	71	70	74	74	72	74	81	83	82	82	78	82
27	83	80	78	79	80	80	81	74	75	74	79	75
28	74	82	82	80	82	118	131	138	160	147	151	155
29	155	156	160	160	163	161	163	161	178	192	213	230
30	228	250	253	251	253	255	257	257	285	295	286	292
31	301	325	337	304	301	321	341	355	376	393	411	422
32	428	435	448	367	370	354	363	370	376	374	376	370
33	368	366	356	350	356	362	369	376	372	387	379	386
34	385	379	379	376	380	383	382	393	393	388	385	381
35	381	367	363	325	294	282	262	286	289	288	287	287
36	288	288	288	285	284	278	281	286	289	293	295	297

戊、忠恕分廠二十八年度至二十九年度工人逐月人數統計表

月份 / 年度	一月份	二月份	三月份	四月份	五月份	六月份	七月份	八月份	九月份	十月份	十一月份	十二月份	平均數
二十九年度	334	344	346	351	377	388	382	391	389	486	616	678	423 6/12
二十八年度	94	129	241	291	270	306	343	316	316	302	304	332	270 4/12

37.2.29.工政課製

忠恕分廠三十年度至三十五年度工人人數統計表 三十七年二月份製

月份 / 年度	一月份	二月份	三月份	四月份	五月份	六月份	七月份	八月份	九月份	十月份	十一月份	十二月份	平均數
三十年度	855	924	1047	1222	1238	1235	1259	1224	1191	1189	1195	1297	$1156\frac{4}{12}$
三十一年度	1416	1446	1445	1407	1387	1384	1305	1345	1365	1368	1390	1479	$1394\frac{9}{12}$
三十二年度	1535	1528	1629	1666	1655	1606	1586	1598	1688	1795	1958	2083	$1693\frac{11}{12}$
三十三年度	2036	1811	1691	1685	1714	1765	1807	1809	1927	1951	1980	2023	$1849\frac{11}{12}$
三十四年度	2082	2122	2198	2190	2165	2181	2262	2287	2219	2145	2121	2090	$2171\frac{10}{12}$
三十五年度	2027	1976	1964	1645	1311	1262	1308	1368	1408	1506	1609	1649	$1586\frac{1}{12}$

（附注：非正式工人未計算在內）

工政課製

庚乙 兵工署第五十工廠忠恕分廠歷年各種產品統計表

名稱	單位	完成數量 28年	29年	30年	31年	32年	33年	34年	35年	36年	總計	備註
六公分迫擊砲	門					400	950	1,420	1,525	2,080	6,375	
蘇式二公分曳光彈	顆			20,120	25,000	4,000					49,120	
蘇式二公分曳光榴彈	〃			80,753	90,000	5,000					175,753	
蘇式二公分榴彈	〃			80,108	95,000	7,000					182,108	
歐力根二公分曳光榴彈	〃					30,000					30,000	
歐力根二公分榴彈	〃				54,000						54,000	
蘇式三七榴彈	〃				30,000	75,000					105,000	
蘇式三七破甲彈	〃					85,000	44,600	25,000			154,600	
改造美式三七榴彈	〃									5,000	5,000	
六公分迫擊砲彈	〃					90,000	207,500	447,000	360,000	638,000	1,742,500	
[illegible]公分迫砲填砂彈	〃						13,500	7,000	25,000	25,810	71,310	
[illegible]公分迫砲練習彈	〃							6,000			6,000	
[illegible]號槍彈	〃						60,000				60,000	
[illegible]號彈銅殼	只									240,000	240,000	
擦槍器具	套				50,000	50,000	40,000	19,200	16,500	18,060	193,760	
四二重迫砲瞄準器	具									100	100	
六號雷管	只	50,000	50,000								100,000	
八號雷管	〃		216,000		454,000					1,900	671,900	
十號雷管	〃		94,000								94,000	
八號電氣雷管	〃							35,000			35,000	
方形藥包	〃		506,000	20,000	90,000	975,000					1,591,000	
元形藥包	〃				51,000	1,000	60,000				112,000	
一公斤炸藥罐	〃						2,000				2,000	

甲4 210×297

本廠各種出品在技術方面所有之改進

庚乙 技術改進之敘述

甲、(1) T.N.T.方形药包之製造

本廠正式出品始於二十八年冬T.N.T.方形药包本廠製造該項药包係利用12T—15T油壓機一次壓成出品迅速較他廠用手工壓成者約為五與一之比

乙 (2) 蘇式二公分曳光榴彈早炸問題之解決

二十九年本廠開始製造蘇式二公分曳光榴彈此項製造概照德國原圖辦理不意製成後試射發現有早炸情事幾經研究始悉底螺與彈体之間不無少有間隙發射時火焰即可逕燃傳爆体(不經曳光体)以致爆炸旋於曳光体與傳爆体之間加0.9 $^{m}/_{m}$ 鉛皮墊圈一枚而

驟靂之此項微病隨即消失

三(3) 電氣雷管之製造

三十年今敞首創國産電氣雷管迄今仍為製造該項雷管之唯一工廠對於技術方面之改進已能達到下列標準:

(一)每個電雷管之電阻相差不過0.35 ohm.

(二)通過0.18 Amp. 直流電在五分鐘内不致發火爆炸

(三)沉入一公尺深水中二十四小時取出依然起爆

(四)十個串聯可以完全爆炸

(五)可以炸穿十公厘厚之鋁板

四(4) 蘇式三七平射砲彈之製造

（一）三十一年本廠開始製造蘇式三七平射砲彈以導帶材料（原用$\frac{36.7\phi}{44.7\phi}$ ~~44.7φ~~紫銅管）缺乏而不得已以4 m/m厚紫銅板剪捲而成俾資替用追經射擊每易脱落旋於剪捲後加以銅焊而病即除

（二）蘇式三七平射砲彈分榴彈與破甲彈兩種榴彈之離心子箍簧原用0.27X3.8青銅皮終因此項材料缺乏不得已以冷輾之0.3X3.8黄銅皮代用之曾經試驗在每分13,000——16,000廻轉時伸開其功效相同

（三）蘇式三七破甲彈引信原設計之保險結構係以0.7 m/m白銅絲穿連於大帽座及引信体之間而引信体為硬鋼料製成欲於其上

025

厚鑽0.9 m/m之鉀0.9 m/m麻花鑽頭消耗量甚大而此項工具無法自製來源不易本廠於三十一年夏研究改良在引信体內加一鋼質套管改用二公分破甲彈大帽蓋則僅須鑽孔可鑽於套管上如是雖增加一另件但可節省大量無法自製之工具鑽頭成本并不增加而製造工作方便甚大

（四）新式三七破甲彈引信與彈体裝配之間原墊一〇 m/m厚之紫銅墊圈經作侵徹鋼板射擊試驗後發現該墊圈因承受引信之慣性力而變形致使引信與彈体之結合處鬆動而互相分離本廠於三十二年春經加研究改良將該紫銅墊圈改為0.3 m/m厚鋼墊此解決

（五）三十五年秋發現本廠製造之二公分及三七砲彈銅壳有裂口現象此種自然破裂（spontaneous split）顯係於收口後未曾退火所致故於三十六年製造美式三七平射砲彈銅壳時概於收口後再行退火以免重蹈覆轍

（5）擦槍器具袋之改造

本廠於二十九年即開始製造擦槍器具向用布袋包裝日久易裂綻破另件遺落迨三十三年始改用皮袋內襯紙板將擦槍器具另件一一嵌置於上既較美觀又見牢固

（6）六公分迫擊砲彈之製造

本廠於三十二年開始製造六公分迫擊砲彈以迄於今因於技術

027

方面之改進略述如下：

(一) 引信另件之改良

A. 大帽元高原為一件用5/8"φ黃銅條車製，本廠於三十三年二月研究改為兩件車製再行裝配，此一部件製造迄今效果良好。即其中一小件大帽圓高仍用5/8"φ黃銅條車製，另一大件（大帽圓高圓周）則改用3/8"φ黃銅條車製，分兩件製造雖多一道裝配工作，但每件之製造工時縮短1/3，每萬發引信彈尚可節省黃銅條約300公斤，且為配合本廠製造引信之機器能力以增加產量計，更屬重要。蓋現有半吋以上之單桿自動機不敷，而半吋以下者有多，改為兩件後，費工之一件用3/8"φ料則可改在半吋以

下之自動機製造

B. 引信大針係以分為件車製再行配成為一件者本廠屬於分為件製造耗工費料且裝配後擊痛亦多影響引信發火作用至民國三十三年夏研究改為一件車製應用迄今結果良好改為一件製造者即將大針附於大針室之內絕對居於中心位置當無因大針偏斜而不發火之虞改為一件製造所需之工時與原有之大針室相同但可減少大針之製造及裝配工作且每萬套係統彈甲節省3/8"ø黃銅条約120公斤及數種特製工具與樣板

(二) 尾翼之改良

（二）尾翼原係仿照法國布郎得六公分迫砲彈形式製造，但

尾翼沖製困難，經沖模製造不易，且裝置藥包亦不甚便，本廠於

三十二年經研究改良，仿照美國六公分迫擊砲彈尾翼形式，沖製工作

簡易，減少沖模工具，裝置藥包亦較簡便。後於三十五年奉令將尾翼

加以拋光，使易導電而便電焊，如電焊不牢，射擊時尾翼即易脫

落，發生近彈，並近彈為檢驗規範所不許可者。

（三）尾管之改良

三十五年奉令同時將尾管加以磨光，不僅增加拋光之尾翼電焊時

易使牢固，即檢查夾灰時亦易發現，蓋夾灰之尾管每易於射擊時因而發

生近彈也。尾管係以1 1/8"中國產鋼條製成，此項鋼條係

穴準確每於製成後竟會超出公差25-0.1 m/m 為謀補救未必為

廢品起見曾於三十五年秋加以試驗即用加強裝藥射擊（裝藥量加10%）

以覘其壁薄是否炸裂結果在-0.5公差之内仍然良好當經據情

呈准更改公差故因製小而称之廢品幾全部避免矣

（四）底火之改善

三十五年春發現多批砲彈於射擊後近落此項近彈加以

檢查仍完整良好但於砲口發見火星因知發射药並未燃燒

所致寬全遂於底火之内加0.4 gr. 黑药餅一枚助其燃燒再經

複試遂無近彈矣

（五）#100药之利用

美造迫砲药用於八二迫彈者称#100药（1.423φ×0.222 m/m）用於六〇迫彈者称#200药（1.334φ×0.167 m/m）由其尺寸觀之可知#100药燃烧速度較緩，款用於六〇迫彈燃烧必難完全。三十六年春本廠#200药用罄，不得已擬以#100药代用，欲求#100燃烧完全，勢須稍增尾管内氣斯壓力，俾得充分熱量助其速燃。因此即在尾管之傳火孔方面擬予減少，歷经实驗，以原有之十六孔（5 m/m及4 m/m各八个）減為八孔（均為5 m/m者）最為適當，同時初速相仿，能得同樣之射程，膛壓未增，不致加害大砲之壽命。又十六孔減為八孔後，鉆孔工作可省一半。抑又進者，為本廠六〇迫彈之製造不致因#200药用罄而停工

待料殊足紀念

(六) 引信盒與藥包盒之改造

引信盒與藥包盒之封口係用膠布包裹仍不免有潮氣侵入故於三十三夏改用捲口一如啟奶粉罐然如斯潮氣即無由侵入便於長時保存矣

(7) 硝化噴太之製造

硝化噴太(Nitro-penta)為晚近之新型合成炸藥其原料為煤水石灰石與空氣應用極為普遍其爆炸力亦大從其鉛壔擴大數(250)觀之約五倍於TNT(95)四倍於特出耳(120)故適用於小口徑砲彈裝藥之用以小口徑砲彈之彈腔容積有限但仍須相當大之爆炸

032

力故硝化噴太為最合理想本廠於三十一年開始製造硝化噴太已能達到下列標準

（一）灰份0.3%以下

（二）發火点208℃以上

（三）熔点138℃以上

（四）丙酮中不溶物0.3%以下

（五）80℃阿貝尔試驗五十分鐘以上

八(8) 信號手槍弾之製造

三十二年本廠製造信號手槍弾分紅黃綠白諸光均可製造放射後不致散光亦不致落地燃燒高度可達八十公尺以上燃燒時間為八

辛　庚、本廠之福利設施

本廠職工福利事業之創辦係由砲兵技術研究處總務組遞嬗而來。時在民國二十八年七月間，為適應戰時環境，開始于總務組內設置職工福利指導員一人，其業務範圍為農林室、供應社、醫務課、子弟小學等，皆屬之。並兼理軍粮領運、分發、殯葬、舂米、提倡公餘活動及職員伙食等事宜。當時以員工較少，祇畧具雛型而已。

二十九年五月間，設立職工福利組，以一事權。原有農林室、供應社、醫務課、子弟小學概劃歸管轄，同時增設統計股，辦理全處員工戶口統計，作為事業設施之基礎。

三十年元旦成廠，改職工福利組為職工福利處，以專責成。由事業課、訓育課

兵工署第五十工厂忠恕分厂沿革史（节略）（一九四九年）

093

兵工署第五十工廠忠恕分廠沿革史

（甲）砲兵技術研究處時代

二十五年

三月十四日 本廠在籌備時期原名砲兵技術研究處兵工署令派砲兵器材科科長莊權任處長以籌建株洲兵工廠為主要任務株廠廠址曾奉 委員長蔣指定湖南株洲經東承意旨勘察地形以在該地董家塅為適宜遂簽呈 委員長核准（軍委會高二字第一〇八七號指令備案）并 飭迅即着手籌備全廠面積共計圖購五千四百三十九畝原擬作國內兵

器製造規模最大之現代化工廠主要出品在製造各種火砲供應國防需要當為避免對外暫不公開起見故以砲技處名義負籌備之責

四月一日　着手進行籌備呈　准先行酌用必需人員在南京租賃民房為辦公地址（四牌樓吉昌里四號）開始辦公

六月十五日　本處編制預算核准（附表一）依照規定正式組織成立計設處長一人由　署轉請明令簡派莊　權充任下設總務土木工程工務設計會計購置六組各置主任一人文牘員會計員技術員辦事

095

員等各若干人惟工務組管轄內分設砲廠槍彈廠
砲彈廠機器廠動力廠熔銅及輥銅間木工間各
置主任一此外尚設一警衛排與組平行置排長
一各級主要人員由處長呈請　令派吳肇楨為
總務組主任梁　强為土木組主任榮泉馨為工
務組主任陳世仁為設計組主任張家傑為會計
組主任張敏慎為購買組主任以專責成

九月一日　設立本處駐株辦事處派梁　强兼主任督
辦株廠建築工程

十一月一日　奉　署令自本日起全部接管漢陽兵工廠

所屬砲廠對外即揭櫫駐漢辦事處名義以免各方注意並派陸君和兼主任主持漢砲廠事宜

二十六年

六月十五日　株廠籌備工作已達工程實施階段本處原定編制不盡適用擬在不增薪給預算範圍內酌予修正呈奉　部令核准施行（附表二）其修正部份為總務組內添設文書出納事務三股增加購置組員額擴充駐株辦事處組織人事配備除工務會計購置三組主任仍舊外改派徐震為總務組主任梁文瀚為土木組主任設計組主任

一職由處長暫兼

八月十九日　抗戰開始本處奉　命由京遷移其地址由處視各組業務之相關自行决定以設計組與漢陽砲廠關係最切全部遷漢工務組一部遷漢一部遷長沙土木組全部遷株以便督建株廠工程其餘各組人員均遷長沙并酌派職員留京辦理未了事宜

十二月十一日　撤銷駐株辦事處人員分別歸併當時株廠完成之土木建築工程如次：

(1)董家塅至五里墩(株萍段站)鐵路支綫約三公里

098

(2)株洲江邊至董家塅公路約五公里

(3)平廠基工程

(4)開鑿新河工程

(5)必要之山洞工程

(6)其他廠房工程如動力廠房屋槍彈廠房屋及材料庫房屋均先後開工並派員赴滬搶運槍彈機及一部份動力機均於上海淪陷前冒險運出運到株洲後即在臨時建築之簡陋廠房中開始安裝

至新砲之設計工作仍派員在漢積極進行

0 099

二十七年

三月一日 本處原定自行籌造新砲計劃因受戰時影響國內無法開展處長莊 權奉 令率技術員六人携設計完成之新砲圖樣首途赴歐監造新砲處務由 兵工署派龔 積成代理

四月十一日 本處代理處長龔 積成 署令解職改派砲技處工務組主任蔡泉馨兼代

五月一日 株洲臨時槍彈廠正式開工日出槍彈四萬發供應抗戰急需

六月一日 本處株廠械器奉 令遷渝另行在渝籌備

建廠經派員組設重慶辦事處負責籌備並勘定
重慶江北忠恕沱為廠址徵地約一千五百市畝
六月六日　本處所屬漢陽砲廠奉　准移沅陵機
料三千餘噸起運離漢員工三百餘隨同轉移
七月三日　本處所管一部份造砲機件及動力機件
遵照　署令移交第五十工廠（即前廣東琶江兵工
廠）分別在株洲岳陽兩地交接清楚
八月十八日　本處人員分散數地工作關於株廠之遷
移結束全部機料之轉運及渝廠之着手建設頭
緒紛繁至本月中株廠遷移工作始大體完成全

部人員均陸續赴渝並即時成立董家壩留守處直隸本處担任株廠未完建築工程及零星材料之保管並守護廠地等事宜此為株洲兵工廠成立及遷移之大概情形

九月五日 本處所屬漢陽砲廠運出機料到達桃源呈准暫在該縣搭建臨時廠房安裝機器恢復工作

九月十三日 本處西運機料三千餘噸陸續抵渝其中關於槍彈機全部遵照 署令（漢造（二七）字第二五〇一號）移歸第二十五工廠籌備處接收

九月十八日　渝廠辦公房屋建築完工本處正式遷入

忠恕沱廠址積極籌造以二公分及三・七公分步

兵砲彈為主要出品

十二月十日　武漢撤退湘北局勢緊張本處所屬漢陽

砲廠復由桃源遷至湘西沅陵成立修械工場繼

續担任修砲工作

二十八年

二月十五日　本處所屬漢砲廠第一分廠由衡遷桂

專任前綫火砲修理工作為便利節制起見遵照

署令將該分廠改為砲技處桂林修砲廠即以該

分廠原主管員沈革耕派充主任改隸成立

四月一日　渝廠主要廠房大部建築完工遂即安裝機器惟以主要材料多滯留越緬昆明等地運輸迂緩到達渝廠者甚少故無法正式開工為儘量利用機力人力起見乃代　署屬各廠製造零件及壓製梯恩梯藥包

四月二十八日　本處向外訂購各種材料原定香港進口自廣州撤守改道仰光輸入為謀轉運迅速設駐昆辦事處專司其事

六月一日　砲技處編制已不適用爰再向部予以修

（附表三）

正呈　署轉奉　部令核准自本日起施行此次修正部份與二十六年六月修正編制所不同者(一)為將原設總務土木工務設計會計購置六組改為總務工務會計土木購置五組(二)為將董家溪留守處納入編制內(三)為會計組增設簿記審計成本計核三課(四)為擴編警衛排為警衛隊各單位主要人員除工務會計兩組主任仍舊外改派盧漢璆為總務組主任陳延曾為土木組主任王思濂為購置組主任

六月十日　本處駐沅陵修械工場奉　署令歸併辰

路第一工廠當即造册移交清楚駐漢辦事處名
義同時撤銷又桂林修砲廠亦遵令改隸由署
直轄

二十九年

四月二十六日　本處處長莊　權在歐監造新砲完成取
道海防返國回處照常視事

六月十四日　本處在國外所購重要機料因受運輸限
制尚滯留昆明臘戍仰光等地致使主要製造無從
着手兼以滇緬戰事日趨緊張益慮情勢轉變輸入
更感不易處長莊　權特于今日首途赴滇親至緬

甸仰光一帶處理搶運事宜所有滯留各該地械料兩千餘噸均提取運渝自是製造始克開工

九月二十日　本處以渝廠籌建已成業務漸入製造階段而歷次修正之編制運用不靈窒礙實多爰再予以修正使其粗具一正式之廠型以配合業務呈准自本日起實施此次修正編制（附表四）除仍設工務會計土木購置四組外添設一職工福利組派程嘉垕為主任又添設處長辦公廳置主任秘書一人派唐堅充任土木組主任改任胡兆瑛購置組主任改任陳喜棠其餘各組主任仍舊

（乙）第十工廠時代

三十年

一月一日　砲技處奉　令結束就其遷建之渝廠改組為第十工廠仍任莊　權為廠長本日改組成立惟在新編制未奉　核頒以前暫行適用二十九年九月間修正之前砲技處編制

四月四日　首批蘇羅通二公分曳光榴彈一千四百發試造成功本廠主要出品從此開始

六月二十四日　為避免空襲計先將彈頭所及工具所機器陸續遷入山洞安裝即在洞內工作

七月一日　本廠編制核定（附表九—一〇）本日起實行内部組織廠長之下設辦公廳一工務職工福利會計三處土木工程購置統計三科辦公廳設秘書室（内分文書人事檔案三股）事務課出納課成品庫稽查室警衛大隊（轄二個中隊一個消防隊）工務處設工程師室作業檢驗工政三課一材料庫十個製造所（包括銅壳彈頭引信壓製光劑裝配工具木工水電等）福利處設事業訓育兩課醫院農場各一另附子弟小學會計處設簿記審計薪工計核成本計核四課土木購置統計三科不另設督

級總計全廠官佐三四四至三七六員士兵三九一名

七月二十三日　首批蘇羅通二公分榴彈五千發試造成功此項榴彈之離心子料一項原非國內所有自來源斷绝本廠使用種種方法研究自製始克有成質料直與舶來品無異

三十一年

四月三十日　首批歐力根二公分榴彈一萬發試造成功

五月十八日　署令籌造六公分迫擊砲與砲彈及信號彈三種兵器按本廠原爲製造二公分與三·七砲彈之專廠所用材料供自國外因海運封鎖來源斷

絕庫存行將用罄而原有機器除一部份留供原額出品製造外其餘均須重行改裝配備工場以爲製造新出品之準備且須酌予添購以補不足廠長莊 權鎣於新舊製造必須同時并籌特于本日再度赴滇向昆明 署屬各庫選配機料三千噸暫同運渝以資補充使新舊出品得以銜接製造

五月十九日 首批蘇羅通三七公分榴彈五千發試造成功

七月一日 本廠奉 署令頒發乙種警衛稽查組編制一份遂將本廠原有之稽查室遵照新編制于本

111

日改組完成（附表六）

十二月十五日　首批蘇羅通三、七公分破甲彈試造成功

三十二年

二月二十一日　第一門六公分迫擊砲試造成功

四月二十二日　蘇式二公分及三、七公分砲彈底火與第二式、二十一式火帽工作之安全性本廠研究改良均告成功

五月十五日　首批電氣雷管試造成功

六月一日　本廠警衛大隊奉署令改為第四警衛大隊並於本日遵照署頒編制改組完成（附表六）

十二月二十日 本廠研究改良六公分迫砲彈引信之設計及試造均告成功

三十三年

四月二十六日 本廠曾奉軍事委員會頒發乙種消防隊編制遂即遵令改組（附表六）

五月一日 本廠改良蘇式三、七銅壳毛口製造方法每日產量由五百枚增至五千枚節省人力十倍

五月十五日 本廠為擴充醫院業務將原有之醫院編制予以修正呈奉 兵工署渝造(三)甲字第八四八〇五號指令核准備案（附表六）

113

六月九日 柴油發電機安裝完竣嗣後渝市電廠停電時本廠電力可部份自給矣

九月二十六日 本廠為應製造上需要所有添建之泥心烘爐砲彈水壓室熔T.N.T.火爐房及檢驗課廠房等工程均已先後完成

十一月一日 撤銷駐昆辦事處原租房屋移交第五十三廠昆明辦事處接收

三十四年

四月三十日 本廠新出品迫擊砲及彈係根據迫口徑砲彈原理而設計由二人即可背負運輸使用均極